VERONIKA PICHL

ZERO WASTE *Kitchen*

KOCHEN STATT WEGWERFEN – ***KREATIVE REZEPTE***
FÜR OBST- UND GEMÜSERESTE

W0407675

VERONIKA PICHL

ZERO WASTE Kitchen

KOCHEN STATT WEGWERFEN – ***KREATIVE REZEPTE*** FÜR OBST- UND GEMÜSERESTE

Mit Tipps für Kosmetik und Haushalt

riva

Bibliografische Information der Deutschen Nationalbibliothek:
Die Deutsche Nationalbibliothek verzeichnet diese Publikation in der Deutschen Nationalbibliografie. Detaillierte bibliografische Daten sind im Internet über http://d-nb.de abrufbar.

Für Fragen und Anregungen:
info@rivaverlag.de

Originalausgabe
1. Auflage 2018
© 2018 by riva Verlag, ein Imprint der Münchner Verlagsgruppe GmbH
Nymphenburger Straße 86
D-80636 München
Tel.: 089 651285-0
Fax: 089 652096

Alle Rechte, insbesondere das Recht der Vervielfältigung und Verbreitung sowie der Übersetzung, vorbehalten. Kein Teil des Werkes darf in irgendeiner Form (durch Fotokopie, Mikrofilm oder ein anderes Verfahren) ohne schriftliche Genehmigung des Verlages reproduziert oder unter Verwendung elektronischer Systeme gespeichert, verarbeitet, vervielfältigt oder verbreitet werden.

Redaktion: Eva Siegmund
Umschlaggestaltung: Marc-Torben Fischer
Umschlagabbildungen: Vorderseite: Bianca Zapatka; Rückseite: Karotten, Blumenkohlblättersalat: Bianca Zapatka; Flammkuchen: Miriam Matin; Kürbissuppe: Mariya Siyanko/shutterstock.com
Satz: inpunkt[w]o, Haiger (www.inpunktwo.de)
Druck: Florjancic Tisk d.o.o., Slowenien
Printed in the EU

ISBN Print 978-3-7423-0506-0
ISBN E-Book (PDF) 978-3-7453-0045-1
ISBN E-Book (EPUB, Mobi) 978-3-7453-0046-8

Weitere Informationen zum Verlag finden Sie unter

www.rivaverlag.de

Beachten Sie auch unsere weiteren Verlage unter www.m-vg.de

Inhalt

Zero Waste Kitchen – kochen statt wegwerfen ... 8
Zero Waste – besser leben, sinnvoll verwerten ... 8
Schluss mit Verschwendung – warum so viele Lebensmittel im Müll landen ... 9
Mit Zero Waste starten – in wenigen Schritten zu weniger Verschwendung ... 10
Die vier Punkte auf dem Weg zur Zero-Waste-Küche ... 14
Worauf muss man bei Zero-Waste-Küche achten? ... 14
Zero-Waste-Küche in der Praxis ... 16

Äpfel ... 17
Apfelessig ... 18
Apfelschalenchips ... 19
Apfel-Granola-Bars ... 20
Apfel-Tee ... 22

Ananas ... 23
Ananas-Ingwer-Wasser ... 24
Ananas-Smoothie ... 25
Ananas-Püree ... 26
Ananas-Limetten-Cocktail ... 28

Avocado ... 29
Avocadokern-Shampoo ... 30

Banane ... 31
Bananen-Kräuter-Tee ... 32
Grüner Smoothie mit Bananenschalen ... 34

Birnen ... 35
Birnenessig ... 36
Birnensirup ... 38

Blumenkohl ... 39
Fruchtiger Blumenkohlblättersalat ... 40
Blumenkohlblätter und -strunk zum Knabbern ... 42

Brokkoli ... 43
Brokkolinudeln mit Brokkoli-Käse-Soße ... 44
Brokkolistrunk-Chips ... 45
Brokkoli-Frikadellen ... 46

Fenchel ... 47
Fenchel-Orangen-Salat ... 48

Gurken ... 49
Gurkenschalenmaske ... 50
Gurkenschalen-Popsicles ... 51
Infused Water mit Gurkenschalen ... 52

Karotten 53
Karottenschalen-Quinoa-Salat 54
Salat mit Karottenkraut-Kräuter-Dressing 56
Kräutersalz mit Karottenkraut 58

Kiwi 59
Kiwi-Avocado Peeling 60
Kiwischalen-Erdbeer-Smoothie 62

Kohl 63
Kohl-Fritters 64
Shrimps mit Kohlsalat 66

Kohlrabi 67
Kohlrabinudeln mit Kohlrabiblatt-Pesto 68
Kartoffelpüree mit Kohlrabiblättern 69
Quiche mit Spinat und Kohlrabiblättern 70
Kohlrabiblättersalat mit Quark-Dip 72
Kohlrabiblätter-Dressing 74

Kürbis 75
Kürbiskernbrot 76
Kürbissuppe mit getrockneten Kürbiskernen 78
Geröstete Kürbiskerne 80

Lauch 81
Flammkuchen mit Lauch 82
Tomaten-Curry mit Lauchgrün 84

Paprika-/Chilischoten 85
Paprika-Chili-Soße 86
Chili con Carne 88

Papaya 89
Papayapfeffer 90

Pastinaken 91
Rote-Bete-Suppe mit Pastinakenchips 92
Pastinakenchips 94

Radieschen 95
Radieschensuppe mit Radieschengrün 96
Grüner Smoothie mit Radieschenblättern 98

Rettich 99
Rettich-Dip 100
Frittierte Rettichschalen 102

Rote Bete 103
Salat mit Rote-Bete-Blättern 104

Salat 105
Salat-Pesto 106

Spargel 107
Spargelfond 108

Süßkartoffeln 109
Knusprige Süßkartoffelschalen aus dem Ofen 110

Wassermelone 111
Eingelegte Wassermelonenschalen 112
Geröstete Wassermelonenkerne 114

Zitrusfrüchte 115
Orangeat und Zitronat 116
Schokokuchen mit kandierten Orangenzesten. 118
Zitrusreiniger. 120

Diverses 121
Gemüsebrühe 121
Gemüsebrühenpaste 122
Kräuterbutter mit diversem Grün (z. B. Karottengrün, Fenchelgrün) 123

Danksagung 124
Über die Autorin. 125
Bild- und Rezeptnachweis 126

Zero Waste Kitchen – kochen statt wegwerfen

Zero Waste ist mittlerweile zu einer starken Bewegung geworden, die Müll konsequent zu vermeiden sucht. Der Name »Zero Waste« steht dabei ganz einfach für »null (englisch: zero) Müll (englisch: waste)« und meint einen Lebensstil, bei dem das Reduzieren von Abfall, Wiederverwertung und das Vermeiden von unnötigen Müllbergen ganz klar im Vordergrund stehen.

Zero Waste kann dabei zum einen bedeuten, auf Einwegbecher und Strohhalm im Kino, auf den Kassenbon an der Supermarktkasse oder den Coffee to go im Einwegbecher zu verzichten. Zum anderen bedeutet Zero Waste aber auch, den Abfall, auf den nicht verzichtet werden »kann«, zu reduzieren oder wiederzuverwerten.

Selbstverständlich gibt es für Zero Waste dabei auch mehr als nur einen triftigen Grund: Etwa 450 Kilogramm Haushaltsmüll produziert jeder Deutsche jährlich. Das ist mehr als ein Kilogramm Müll pro Tag! Klar, dass unsere Umwelt unter diesen Müllbergen besonders stark leidet. Außerdem landen aber nicht nur Plastik, Papier oder Ähnliches im Hausmüll. Vielmehr besteht dieser oft zum großen Teil aus Lebensmitteln – und zwar auch aus solchen, die eigentlich genieß- oder zumindest weiterverwertbar sind. So landen in unseren Haushalten täglich nicht nur bares Geld, sondern vielmehr auch wertvolle Lebensmittel mit vielen wertvollen Inhaltsstoffen einfach im Müll.

Zero Waste – besser leben, sinnvoll verwerten

Ein wichtiger Schritt in die richtige Richtung ist es darum, die täglich entstehenden Abfallberge und vor allem den Verbrauch giftiger Stoffe – wie sie insbesondere in Plastikverpackungen enthalten sind – zu reduzieren. Das schützt die Umwelt und auch die eigene Gesundheit.

Genauso wichtig wie das Reduzieren von Plastikmüll und Elektroschrott ist jedoch auch der bewusstere und sinnvollere Umgang mit Lebensmitteln. Die von jedem von uns täglich produzierten Müllmassen bestehen zu einem großen Teil nämlich gar nicht aus Einwegbechern, Plastiktüten und Verpackungen,

sondern vielmehr aus weggeworfenen Lebensmitteln, die wir eigentlich noch verwerten könnten!
Schließlich ist ein großer Teil von dem, was täglich im Abfalleimer landet, alles andere als unnütz und unbrauchbar und könnte entweder verzehrt oder auf andere Weise sinnvoll genutzt werden. Gewusst wie, könnte uns ein müllfreies bzw. müllreduziertes Leben Geld sparen und gleichzeitig Spaß machen und Ressourcen schonen.

Und daher meint Zero Waste Kitchen gleich zweierlei:

- Das Streben danach, weniger Müll zu hinterlassen und bewusster mit den uns zur Verfügung stehenden Ressourcen umzugehen und
- bedarfsorientiertes Einkaufen, das ganzheitliche Verwerten sowie ein bewussterer Umgang mit Lebensmitteln

Wie das geht und welche wertvollen Lebensmittel, Kosmetikhelfer sowie Haushalts- und Gartengadgets wir bisher achtlos weggeworfen haben, möchte dieses Buch zeigen.

Schluss mit Verschwendung - warum so viele Lebensmittel im Müll landen

Jeder von uns produziert mehrere Hundert Kilo Abfall pro Jahr – das mag zwar erschrecken, oft sind wir uns aber sicher, dass sich unsere persönliche »Verschwendung« dabei in Grenzen hält. Schließlich verwenden wir beim Einkaufen bereits eine wiederverwendbare Tragetasche, verzichten auf Einwegflaschen und bevorzugen Obst und Gemüse vom Wochenmarkt, das ohne Plastikverpackung auskommt.
Das ist zwar lobenswert, dennoch findet die vermeidbarste und gleichzeitig gravierendste Ressourcenverschwendung bei unseren Lebensmitteln selbst und in unserer Küche statt. Und das hat gleich mehrere Gründe:
Der planlose Einkauf: Oft wissen wir gar nicht, wie viele Lebensmittel wir benötigen. Stattdessen lassen wir uns von den farbenfrohen Auslagen im Supermarkt verlocken. Im Endeffekt kaufen wir so schließlich mehr, als wir verbrauchen können, und die gekauften Lebensmittel verderben.
Das lässt sich jedoch durch sinnvolles Einkaufen oder auch das Vorausplanen von Mahlzeiten leicht vermeiden. Das spart Geld, Zeit und reduziert die Menge an Lebensmitteln, die weggeworfen

werden, enorm. (Wie sinnvolles Planen von Mahlzeiten und cleveres Einkaufen besonders leicht gelingt, zeigt übrigens das Buch »Meal Prep – Gesunde Mahlzeiten vorbereiten, mitnehmen und Zeit sparen«).

Wir wissen nicht, was drinsteckt: Ist der Apfel verschimmelt und die Milch verdorben, wissen wir, dass wir diese Lebensmittel nicht mehr essen können. Klar, dass beide dann im Müll oder auf dem Kompost landen. Gemeinsam mit verdorbenen Lebensmitteln finden leider aber auch viele genießbare Lebensmittel ihren Weg in den Abfall. Grund hierfür ist oft der Umstand, dass wir gar nicht wissen, dass und wie wir diese Lebensmittel verwenden können.

Das hat zum einen damit zu tun, dass uns Industrie, Werbung und Supermärkte suggerieren, dass nur »perfekte« Waren auch genießbar wären. Hat das Obst Druckstellen, werfen wir es lieber weg. Und auch seine Schale schneiden wir stets großzügig ab. Auf diese Weise wird nicht nur eine große Menge an »unperfekten« Lebensmitteln jeden Tag aussortiert, sondern es landen zusätzlich auch genießbare Teile von Nahrungsmitteln einfach im Müll – und das nur, weil wir sie nicht als genieß- oder brauchbar erkennen. Dabei könnten wir mit Karottengrün, Bananenschale und Co. in Wirklichkeit noch jede Menge anfangen ...

Mit Zero Waste starten – in wenigen Schritten zu weniger Verschwendung

Um mit Zero Waste durchzustarten und weniger in der Küche zu verschwenden, braucht es nicht viel. Schließlich ist weder besonderes Equipment nötig, noch müssen unsere Essgewohnheiten wesentlich verändert werden. Stattdessen lassen sich erste Schritte zur persönlichen Zero Waste Kitchen allein mit ein bisschen Planung und einem bewussteren Umgang mit Lebensmitteln erreichen. Und das hilft ganz nebenbei sogar dabei, bares Geld zu sparen!

Schritt 1: Einkauf sinnvoll planen

Ein erster und wichtiger Schritt auf dem Weg zu weniger Lebensmittelverschwendung ist sinnvolles und bedarfsgerechtes Einkaufen. Schließlich können wir unseren Einkauf nur dann auf die Lebensmittel beschränken, die auch wirklich gegessen werden, wenn wir überhaupt wissen, was wir beispielsweise innerhalb einer Woche verbrauchen.

Hilfreich kann es hier sein, über einige Zeit zu beobachten, welche Mengen bestimmter Lebensmittel beispielsweise in einer Woche tatsächlich konsumiert werden. Werden 2 Liter Milch getrunken oder vielleicht sogar 4 Liter? Ist der Inhalt der Käsepackung gegessen worden oder musste ein Rest vielleicht sogar weggeworfen werden?

So lässt sich bereits ein erster Überblick über die tatsächlich verbrauchten Lebensmittel erstellen, und die wöchentliche Einkaufsliste kann daran angepasst werden. Spontan- oder Zuvielkäufe können leicht vermieden und der ein oder andere Euro kann gespart werden.

Extratipp: Vorräte nicht vergessen! Oft neigen wir dazu, beim wöchentlichen Einkauf immer dasselbe in den Einkaufswagen zu schaufeln. Vorräte oder vielleicht noch im Kühlschrank vorhandene Lebensmittel werden dabei oft vergessen. Ärgerlich ist das insbesondere dann, wenn wir verderbliche Lebensmittel, die noch zu Hause im Kühlschrank lagern, nachkaufen. Hilfreich kann es hier sein, die Lebensmittel, deren Haltbarkeitsdaten fast abgelaufen sind, ganz vorne in Kühl- und Vorratsschrank zu platzieren und beide vor jedem Einkauf noch einmal zu kontrollieren. So können viele nicht benötigte

Lebensmittel bereits von der Einkaufsliste gestrichen werden.

Schritt 2: Lebensmittel richtig lagern

Wie schnell ein Lebensmittel verdirbt, hängt immer auch davon ab, ob es richtig gelagert wurde. Passen wir Temperatur, Luftfeuchtigkeit sowie Luft- und Lichtzufuhr besser an die Bedürfnisse einzelner Lebensmittel an, können wir ihre Haltbarkeit entscheidend verlängern – und müssen weniger wegwerfen! Dabei gilt:

- **Fisch und Fleisch** sollten stets kühl bei etwa 2 °C bis 6 °C gelagert wer-

den. Das klappt am besten auf der untersten Kühlschrankebene. Außerdem sollte darauf geachtet werden, die Kühlkette sowohl bei Einkauf und Transport als auch zu Hause möglichst nicht zu unterbrechen. Das bedeutet: Zum Einkaufen am besten eine Kühltasche mitnehmen und die Lebensmittel nur so kurz wie möglich außerhalb des Kühlschranks aufbewahren.

- **Milchprodukte** lassen sich am besten im mittleren Fach des Kühlschranks aufbewahren. Fettreiche Milchprodukte wie Butter oder Käse mit hohem Fettgehalt können für eine noch längere Aufbewahrungsdauer außerdem sogar eingefroren werden. Extratipp: Käse am Stück ist viel länger haltbar als bereits in Scheiben geschnittener Käse. Käsestücke können im Kühlschrank nämlich bis zu drei Wochen aufbewahrt werden!
- **Backwaren** lassen sich am besten an einem trockenen, dunklen Ort aufbewahren. In ein Küchentuch eingeschlagen, lagern Brötchen und Brot am besten im Brotkasten. Und auch hier gilt: Am Stück ist Brot deutlich länger haltbar als bereits in Scheiben geschnitten. Nicht sofort verwendete Backwaren lassen sich außerdem besonders gut einfrieren.
- Auch **bereits gekochte Lebensmittel** lassen sich im Kühlschrank noch ein oder zwei Tage lagern. Wer einmal zu viel gekocht hat, füllt Lebensmittelreste am besten in ein sauberes Gefäß um und lagert sie im obersten Kühlschrankfach.
- **Obst und Gemüse** sollten prinzipiell erst kurze Zeit vor dem Verzehr gewaschen werden! Der Kontakt mit Wasser macht die meisten Obst- und Gemüsesorten empfindlicher und leichter verderblich. Außerdem lässt sich sagen: Exotische Obst- und Gemüsesorten mögen es wärmer und können außerhalb des Kühlschranks gelagert werden. Heimische Sorten halten sich gekühlt am längsten.
  Im Einzelnen bedeutet das:
  Fast alle Gemüsesorten (außer Kürbis, Tomaten, Kartoffeln und Auberginen) können problemlos im Kühlschrank aufbewahrt werden. Gleiches gilt auch für heimische Obstsorten wie z. B. Äpfel, Pflaumen oder Kirschen. Exotisches Obst wie Zitrusfrüchte, Mangos oder Bananen sollten hingegen außerhalb des Kühlschranks gelagert werden.

Schritt 3: Obst und Gemüse ganzheitlich verwerten

Wie schon gesagt, meint »Zero Waste« so viel wie »Kein Müll«. Bringt man den Gedanken hinter Zero Waste Kitchen auf den Punkt, geht es also darum, gerade in der Küche so wenig Abfall wie möglich zu produzieren, keine unnützen Einkäufe zu tätigen und Lebensmittel insgesamt nicht zu verschwenden.

Selbstverständlich lässt sich Zero Waste auch auf alle anderen Lebensbereiche übertragen. Mittlerweile hat der »Null-

Müll-Lifestyle« weltweit unzählige Anhänger gefunden. Durch den Verzicht z. B. von Plastikverpackungen, Plastiktüten und Einwegprodukten lässt sich der selbst produzierte Müllberg schon erheblich reduzieren.

Genauso wichtig und gleichzeitig auch besonders einfach kann neben Verpackungsmüll aber auch die Menge weggeworfener Lebensmittel leicht verringert – oder sogar tatsächlich auf nahezu »null« zurückgeschraubt werden. Voraussetzung dafür ist: Wissen, wie es gemacht wird!

Leider landet ein Großteil von Lebensmitteln und Lebensmittelresten nämlich nicht etwa im Müll, weil die Produkte schlecht geworden oder ungenießbar wären. Vielmehr halten wir auch verwert- und essbare Lebensmittel für Abfall, weil wir schlicht und einfach nicht wissen, was wir alles mit ihnen anfangen könnten. Setzen wir uns jedoch etwas genauer mit unseren Lebensmitteln auseinander, lässt sich das Zero-Waste-Konzept, das sich im Wesentlichen aus vier Punkten zusammensetzt, auch effektiv umsetzen.

Die vier Punkte auf dem Weg zur Zero-Waste-Küche

Auf Unnötiges verzichten – gemeint ist damit nicht etwa eine spezielle Diät oder der Verzicht auf bestimmte Lebensmittel. Vielmehr geht es darum, gewissenhaft nur die Lebensmittel einzukaufen, die wir wirklich benötigen, und auf Überflüssiges zu verzichten.

Vollständig verwerten – oft lassen sich Lebensmittel vollständig verwerten.

Nicht alles, was wir für »nicht mehr gut« halten, hat es auch tatsächlich verdient, im Abfall zu landen. Setzen wir uns genauer mit unseren Lebensmitteln auseinander, erkennen wir bald viele Möglichkeiten, sie wirklich komplett zu verwerten, ohne Lebensmittelabfälle zu produzieren.

Weiterverwenden – Zugegeben, manche Lebensmittelreste taugen nicht dazu, sie noch in der Küche zu verwenden bzw. sie zu verzehren. Oftmals können wir sie aber auf andere Weise sinnvoll im Haushalt recyceln!

Kompostieren – Lebensmittelreste, die sich weder verzehren noch anderweitig wiederverwenden lassen, können oft kompostiert werden – und das klappt sogar zu Hause und lässt Übriggebliebenes dennoch eine sinnvolle Aufgabe erfüllen, anstatt achtlos im Hausmüll zu landen.

Worauf muss man bei Zero-Waste-Küche achten?

Die meisten Obst- und Gemüsesorten kann man ganzheitlich verwerten. Für viele Menschen stellt sich hier jedoch die Frage, ob das wirklich gesund sein kann.

»Reste« essbar?

Wertvolle Inhaltsstoffe (Vitamine, Mineralien, Ballaststoffe und Spurenelemente) befinden sich z. B. oft in der Schale von Obst und Gemüse. Allerdings muss man sich genau darüber informieren, welche Teile eines Lebensmittels auch wirklich essbar sind, wie hier das Beispiel Kartoffeln zeigt: Obwohl gegen den Geschmack der Erdapfelschale nichts einzuwenden ist, kann diese dennoch giftiges Solanin enthalten. In größeren Mengen aufgenommen, kann diese Substanz insbesondere Nieren-

schäden und Herzrhythmusstörungen begünstigen!

Gründliches Waschen. Eine weitere Voraussetzung für den kompletten Verzehr der allermeisten Obst- und Gemüsesorten ist dabei auch: gründliches Waschen vor dem Verzehr!

Garten- und Bio-Gemüse. Mit Obst und Gemüse aus dem eigenen Garten hat man den besten Überblick und Kontrolle über Anbau und Ernte.

Und auch der Kauf von Bioware lohnt sich. Schließlich sind ökologisch angebautes Obst und Gemüse nachweislich weniger mit Pestiziden und Herbiziden belastet. Die Preisdifferenz zwischen konventionell angebautem Gemüse und Bioware lässt sich dabei allein schon durch die vollständige Verwertung und den bewussten Umgang mit den Nahrungsmitteln wettmachen.

Zero-Waste-Küche in der Praxis

Oft lassen sich Obst und Gemüse sowie viele andere Lebensmittel oder Lebensmittelreste in Küche und Haushalt weiterverwenden. Das reduziert nicht nur den produzierten Hausmüll und hilft dabei, sich viele wertvolle Inhaltsstoffe und Eigenschaften der sonst weggeworfenen Produkte zu sichern. Auch trägt die Wieder- oder Weiterverwendung dazu bei, Geld zu sparen und uns den Alltag zu erleichtern.

Die einzige Voraussetzung hierbei ist es, ess- und verwertbare Lebensmittel überhaupt als solche zu erkennen! Welche verborgenen Talente und gesunden Inhaltsstoffe in scheinbar unbrauchbaren Lebensmittelresten stecken, zeigen die folgenden Küchen- und Haushaltstipps sowie unsere Zero-Waste-Rezepte.

ÄPFEL

Äpfel enthalten viele Vitamine, u. a. die Vitamine E, C, B6 und B1 sowie wertvolle Mineralien. Für eine lange Haltbarkeit können Äpfel an einem kühlen, dunklen Ort oder auch im Kühlschrank gelagert werden. Beginnen gelagerte Äpfel jedoch sich zu verfärben, oder wirkt ihre Schale faltig und weniger prall, ist es höchste Zeit, den Apfel zu verzehren bzw. zu verarbeiten.

Grundsätzlich können Äpfel – gründlich mit lauwarmem Wasser gewaschen – inklusive ihrer Schale verzehrt werden. Und auch Kerngehäuse und Kerne des Apfels müssen nicht im Müll landen: Obwohl Apfelkerne geringe Mengen an Blausäure (Amygdalin) enthalten, ist ihr Verzehr eher unbedenklich. Eine gesundheitlich bedenkliche Dosis an Blausäure kann durch den Konsum von Apfelkernen in üblichen Verzehrmengen nicht erreicht werden. Wer auf Nummer sicher gehen möchte, sollte die Apfelkerne aus dem Kerngehäuse entfernen.

Es gibt viele Rezepte, bei denen man auf die Schale des Apfels bzw. besonders auf sein Kerngehäuse verzichten möchte. Das Apfel-Innenleben macht sich weniger gut, wenn es z. B. beim Backen eines Apfelkuchens mitverwendet wird. Diese Apfelreste lassen sich aber zu Apfelessig weiterverarbeiten, und Apfelschalen kann man als leckere Apfelchips oder aufgegossen als Apfeltee noch gut verwenden.

Apfelessig

Für 0,75 l Apfelessig
glutenfrei/vegan

500 g Apfelreste (Schalen gewaschen und Kerngehäuse)
1 EL Zucker
Wasser

2 Einmachgläser mit 1 l Fassungsvermögen
Glasflasche mit 0,75 l Fassungsvermögen

1. Erstes Einmachglas gründlich heiß auswaschen.
2. Apfelschalen bzw. Apfelreste und Zucker einfüllen.
3. Einmachglas zu ca. 4/5 mit Wasser auffüllen.
4. Mit einem sauberen Tuch abdecken und etwa 1–2 Wochen stehen lassen. Alle paar Tage umrühren oder schwenken. Durch die Gärung bildet sich weißer Schaum, und der Geruch verändert sich (saurer Gärgeruch).
5. Zweites Einmachglas gründlich heiß auswaschen.
6. Sud durch ein sauberes Küchentuch in das zweite Einmachglas füllen und mit einem Tuch abgedeckt nochmals etwa 4–5 Wochen stehen lassen.
7. Erneut durch ein Tuch abgießen und den fertigen Apfelessig in eine verschließbare Flasche abfüllen und kühl stellen.

Apfelschalenchips

Für 2 Portionen
glutenfrei/vegan

200 g Apfelschalen (gewaschen)
1 EL Zitronensaft
1 EL Zucker oder Süßungsmittel nach Wahl
1 Prise Zimt

1. Backofen auf 170 °C Umluft vorheizen.
2. Apfelschalen mit Zitronensaft, Zucker und Zimt vermischen und auf ein mit Backpapier ausgelegtes Blech geben.
3. Im Ofen für etwa 15–20 Min. »backen«. Dabei mehrmals wenden.

Tipp:

Um nicht zusätzlich Strom zu verbrauchen, während Sie die Chips herstellen, können Sie das gefüllte Blech einfach auf unterer Schiene mit in den Backofen geben, wenn Sie z. B. den Apfelkuchen backen, bei dessen Zubereitung die Schalen angefallen sind.
Apfelschalen kann man auch einfrieren und sammeln, bis eine ausreichende Menge für ein paar Portionen vorhanden ist.
Eignet sich als süße Knabberei oder auch als Topping auf oder zum Unterrühren in Müsli, Joghurt, Fruchtquark usw.
Kühl aufbewahren und innerhalb von 4–5 Tagen verbrauchen.

Apfel-Granola-Bars

Für 9 Portionen
vegan

50 g Kokosöl (alternativ: Butter)
1 Banane
200 g Apfelschalen (gewaschen)
300 g Haferflocken
100 g Mandelsplitter
100 g Nüsse nach Wahl, gehackt (z. B. Walnüsse, Haselnüsse)
1 EL Cranberrys oder Rosinen
150 g Weizen- oder Roggenmehl
2 EL Agavendicksaft (oder Süßungsmittel nach Wahl)
1 Prise Zimt
1 Prise Salz
Wasser

1. Backofen auf 150 °C Umluft vorheizen.
2. Eine Auflaufform fetten oder mit Backpapier auslegen.
3. Kokosöl schmelzen.
4. Banane schälen und pürieren (eine Bio-Banane kann auch samt Schale püriert werden, die harten Enden der Schale vorher entfernen).
5. Alle Zutaten nun gut vermengen. Evtl. noch etwas Mehl oder Wasser einrühren, damit eine geschmeidige Masse entsteht.
6. Masse in die Auflaufform geben, glatt streichen und etwa 25–30 Min. im Ofen backen.
7. Komplett auskühlen lassen und dann in 9 Stücke schneiden.

Tipp:

Die Bars können nach eigenem Geschmack schnell variiert werden, z. B. mit Kokosflocken, Kakaopulver, Schokotropfen oder getrockneten Früchten.
Kühl aufbewahren und innerhalb einer Woche verbrauchen. Sie lassen sich auch problemlos einfrieren.
Die Bars eignen sich sehr gut für ein schnelles Frühstück oder einen Snack to go zum Kaffee.

Apfel-Tee

Für ca. 10 Tassen
glutenfrei/vegan

200 g Apfelschalen (gewaschen)
2 EL lose Früchtetee-Mischung
1 Zimtstange
Wasser
Zitrone, Zucker, Honig oder Ingwer nach Geschmack

Einmachglas mit 250 ml Fassungsvermögen

1. Zur Herstellung der Apfelteemischung Apfelschalen auf ein mit Backpapier ausgelegtes Backblech geben und trocknen lassen (z. B. durch Restwärme im Ofen nach dem Backen, auf der Heizung oder in der Sonne).
2. Getrocknete Apfelschalen mit der Früchtetee-Mischung mischen und zusammen mit der Zimtstange in das Einmachglas füllen. Gut verschließen und kühl stellen.
3. Zur Zubereitung einer Tasse Tee 1 EL der Teemischung mit gekochtem Wasser übergießen und etwa 10 Min. ziehen lassen.
4. Tee durch ein Sieb gießen und mit Geschmackszutaten nach Wahl verfeinern.

ANANAS

Eine frische Ananas lässt sofort Urlaubsgefühle aufkommen und versorgt uns außerdem mit reichlich Vitamin C sowie vielen wertvollen Mineralstoffen und Enzymen. Schade nur, dass sowohl der harte Strunk der Ananas als auch ihre dicke Schale nicht wirklich zum Verzehr geeignet sind. Oder vielleicht doch? Anders als oft gedacht, lassen sich auch diese Teile der leckeren Frucht durchaus weiterverarbeiten und müssen längst nicht ungenutzt im Müll landen.

Wer den Strunk der Ananas mitessen möchte, sollte allerdings darauf achten, ihn aufgrund seiner festeren Konsistenz in feinere Stücke zu zerteilen. Alternativ lässt er sich bei der Zubereitung von Smoothies verwenden oder mithilfe eines leistungsstarken Mixers zu leckerem Fruchtpüree verarbeiten.

Anders sieht es hingegen mit der Ananasschale aus. Aufgrund ihrer festen Beschaffenheit macht sie sich zwar im Smoothie weniger gut, kann aber stattdessen zu einem echten Gesundheitscocktail verarbeitet werden. Hierzu wird die gewaschene Schale einer Ananas einfach in etwa einem Liter Wasser für 15 bis 20 Min. gekocht. Der so hergestellte »Ananas-Tee« stärkt auf lecker-fruchtige Weise unsere Abwehrkräfte, unterstützt die Verdauung und hilft sogar gegen Husten.

Ananas-Ingwer-Wasser

Für 2 Liter
glutenfrei/vegan

Reste einer Bio-Ananas (Schalen gewaschen und Strunk)
1 Stück Ingwer (ca. 3 cm)
Wasser

Einmachgläser oder Glaskrüge mit einem Fassungsvermögen von insgesamt 2 Litern.

1. Ananasreste in kleine Stücke und Ingwer in dünne Scheiben schneiden. In große Einmachgläser oder Glaskrüge füllen und mit kochendem Wasser auffüllen.
2. Danach abkühlen lassen und abseihen.

Tipp:

2 Teebeutel hinzufügen z. B. grünen Tee, so entsteht ein Stoffwechsel-Booster!

Ananas-Smoothie

Für 2 Portionen
glutenfrei/vegetarisch

1 Ananasstrunk
250 ml Buttermilch
100 g Joghurt
1 EL Honig

1. Ananasstrunk in Stücke schneiden und pürieren. Für den Fall, dass noch harte Fasern zurückbleiben, das Fruchtmus durch ein Passiersieb oder Küchentuch streichen.
2. Buttermilch, Joghurt und Honig zum Ananas-Fruchtmus geben und nochmals pürieren.
3. In Gläser füllen und genießen.

Tipp:
Mit Eiswürfeln und frischer Minze servieren.

Ananas-Püree

Für mind. 10 Portionen
glutenfrei/vegan

Strunk einer Ananas
500 ml Wasser
1 Zitrone
100 g Zucker

Eiswürfelform

1. Ananasstrunk zerkleinern und zusammen mit Wasser in einem Topf etwa 15 Min. kochen.
2. Die Ananasstücke abseihen und dabei etwa 100 ml des Suds auffangen und mit den Fruchtstücken wieder in den Topf füllen.
3. Zitrone auspressen.
4. Zucker und Zitronensaft zur Ananas und dem Ananas-Sud hinzufügen, alles gut verrühren und nochmals 15 Min auf mittlerer Hitze weiterköcheln lassen.
5. Dann pürieren, abkühlen lassen und in ein heiß ausgewaschenes Glas füllen. Für eine längere Haltbarkeit in Eiswürfelbehälter einfüllen und einfrieren.

Tipp:

Eignet sich z. B. als Zugabe zu Cocktails, Drinks oder Smoothies oder als fruchtige Eiswürfel zum Aromatisieren von Wasser.

Ananas-Limetten-Cocktail

Für 1 Cocktail
glutenfrei/vegan/mit Alkohol

1 Limette
1-2 EL frisches Ananas-Püree, siehe S. 26
100 ml Kokoswasser
100 ml Ananassaft
2-4 cl weißer Rum
Ananasstücke (optional zur Deko)

1. Limette waschen und abtrocknen. Eine halbe Limette auspressen und die andere Hälfte in Scheiben schneiden.
2. Limettensaft, Ananas-Püree, Kokoswasser, Ananassaft und Rum mixen.
3. Mit Ananasstücken und Limettenscheiben dekorieren.

Tipp:

An diesem Rezept sehen Sie, wie Sie das Ananas-Püree von S. 26 verarbeiten können (Bild S. 27).

AVOCADO

Viele Menschen wissen nicht, dass es sich bei Avocados um Früchte und nicht um ein Gemüse handelt – umso mehr Menschen wissen allerdings, dass sich das Fruchtfleisch der Avocado vielseitig verarbeiten lässt und lecker und gesund ist. Die Avocado bringt gesunde Fette, Nährstoffe wie Kalium, Eisen, Kalzium, Folsäure und viele weitere gesunde Inhaltsstoffe mit und schmeckt z. B. als Guacamole besonders lecker.

Bis zu ihrer Verarbeitung sollten Avocados bei Zimmertemperatur gelagert werden. Reife Früchte können allerdings meist nur noch ein paar Tage im Kühlschrank aufbewahrt werden. Geht es dann an die Zubereitung der Avocado, ist klar: Das leckere Fruchtfleisch kommt infrage, der Kern oder die dicke grüne Schale jedoch weniger.

Doch auch Kern und Schale der Avocado können verwendet werden! Das Fruchtfleisch einer reifen Avocado kann mit einem Löffel aus der Schale gelöst werden (z. B. aufgeschnitten, zum Belegen von Toast oder Brot) und die Schale dann mit Ei und Lachs oder Speck gefüllt und im Ofen gebacken werden.

Mit der Schale der Avocado und den anhaftenden Fruchtfleischresten kann trockene Haut streichelzart gepflegt werden. Hierzu die entsprechenden Hautstellen einfach mit der Innenseite der Avocadoschale abreiben, einige Minuten warten und abwaschen – fertig!

Der Verzehr des Avocadokerns ist jedoch umstritten. Im Internet wird zunehmend die Zugabe von Avocadokern oder Avocadokernpulver (getrocknet und geraspelt) in Salatdressings, Smoothies oder Porridges als Superfood empfohlen.

Der Kern schmeckt allerdings sehr bitter und enthält auch giftige Inhaltsstoffe wie Persin. Die Auswirkungen auf den Menschen sind noch nicht genügend erforscht, daher rate ich davon ab, den Kern zu essen.

Zur äußeren Anwendung z. B. zur Haarwäsche können wir ihn aber ohne Bedenken nutzen und ein Avocadokern-Shampoo lässt sich ganz leicht mit wenigen Zutaten selbst herstellen.

Avocadokern-Shampoo

Für ca. 5–8 Haarwäschen
nicht zum Verzehr geeignet;
glutenfrei/vegan

1 Avocadokern
500 ml Wasser
1 Prise Meersalz
1 EL Zitronensaft

1. Avocadokern waschen, trocken tupfen und mindestens einen Tag trocknen lassen (z. B. auf der Heizung, in der Sonne).
2. Die braune Schale entfernen, den Kern mit einer Raspel fein reiben oder in einem Hochleistungsmixer zerkleinern.
3. Wasser in einem Topf zum Kochen bringen.
4. Avocadoraspel zugeben und etwa 30 Min. bei mittlerer Hitze köcheln lassen.
5. Durch ein Sieb in eine Schüssel abgießen.
6. Avocadosud abkühlen lassen und danach mit Meersalz und Zitronensaft mischen.
7. In eine Flasche abfüllen und im Kühlschrank aufbewahren.
8. Vor Gebrauch kurz aufschütteln.

Anwendung:

Es entsteht ein sehr flüssiges, orangefarbenes Shampoo, das man zum Waschen der Haare gut und reichlich einmassieren und dann kurz einwirken lassen sollte. Mit reichlich warmem Wasser wieder ausspülen.
Bei blondierten Haaren sollte man erst an einer Strähne ausprobieren, dass es zu keiner Verfärbung kommt.

Tipp:

Für mehr Pflege können auch 1 TL kalt gepresstes Olivenöl; 1 TL Honig, Zitruspulver (siehe S. 115) oder Amla-Pulver untergemixt werden. Das Shampoo ist ca. 1–2 Wochen im Kühlschrank haltbar.

BANANE

Neben viel schnell verfügbarer Energie liefern Bananen gesunde Ballaststoffe, Vitamin B6, Kalium und die Aminosäure Tryptophan, die zu Serotonin umgewandelt wird und uns sogar glücklich macht!
Bananen können aber noch mehr als nur leckerer Satt- und Glücklichmacher sein. Einige verborgenen Talente stecken in der Schale der Banane:

- Durch das Auflegen von Bananenschalen lassen sich Juckreiz und Ausschläge lindern, z. B. bei Insektenstichen oder Hautreizungen.
- Wer seine Zähne regelmäßig mit der Innenseite von Bananenschalen abreibt, erhält nach einigen Wochen sichtbar weißere, aufgehellte Zähne!
- Akne und Hautunreinheiten lassen sich ebenfalls mit einer »Bananenabreibung« bekämpfen! Einfach die Innenseite der Bananenschale über die betroffenen Partien reiben, einige Minuten einwirken lassen und wieder abwaschen!
- Blattläuse mögen Bananenschalen gar nicht! Kleingeschnittene Bananenschalen darum einfach auf der Erde um die betroffenen Pflanzen verteilen, um das Ungeziefer zu vertreiben.
- Lederschuhe lassen sich mithilfe von Bananenschalen auf Hochglanz polieren. Die Schuhe dazu einfach zuerst mit der Bananenschale, dann mit einem weichen Baumwolltuch abreiben – fertig!

Bananen-Kräuter-Tee

Für 10–15 Tassen Tee
glutenfrei/vegan

10 Bananenschalen (gewaschen)
2 EL Kräutertee oder grüner Tee (lose)

1. Backofen auf 65 °C Umluft vorheizen.
2. Die harten Enden der Bananenschalen abschneiden und die Schalen auf ein mit Backpapier ausgelegtes Backblech ausbreiten.
3. Im Backofen trocknen (ca. 1–2 Stunden), bis man sie brechen kann. Sie werden dabei schwarz.
4. Bananenschalen zerbrechen und fein zerkleinern.
5. Pulver mit losem Tee mischen und in einer Dose aufbewahren.
6. Einen gehäuften Teelöffel Bananenschalenteepulver in einer Tasse mit heißem Wasser übergießen.

Tipp:

Um eine größere Menge Bananenschalen zu sammeln, können Sie die Schalen einfach in einem Gefrierbeutel in der Gefriertruhe lagern und dann verarbeiten, wenn genügend davon zusammengekommen sind.
Um ressourcenschonend zu arbeiten, empfiehlt es sich, immer die Restwärme des Ofens zu nutzen bzw. mehrere Rezepte aus diesem Buch parallel durchzuführen z. B. Trocknen von Apfelschalen etc. Führen Sie ab und an einfach einen Resteverwertungstag ein!
Das Pulver eignet sich sehr gut zur Verarbeitung in Smoothies, schmeckt aber auch lecker in Müslis und Süßspeisen.

Grüner Smoothie mit Bananenschalen

Für 2 Portionen
glutenfrei/vegetarisch

200 g Spinat
2 Bananen-Schalen (gewaschen)
1 Avocado
400 ml Wasser
2 EL Zitronensaft
4 Eiswürfel
1 EL Honig

1. Spinat verlesen, waschen und abtropfen lassen.
2. Die harten Enden der Bananenschalen abschneiden, die Schale in kleine Stücke schneiden.
3. Avocado entkernen und Fruchtfleisch aus der Schale lösen.
4. Alle Zutaten in einen Hochleistungsmixer füllen und zu einem sämigen Smoothie mixen.

Tipp:

Auch das Bananenschalen-Pulver (siehe S. 32) ist sehr gut zum Mitmixen für Smoothies geeignet.

BIRNEN

Gerade die Herbstzeit ist Birnensaison und der perfekte Zeitpunkt, das lecker-süße Obst zu genießen. Birnen sind aber nicht nur schmackhaft, sondern enthalten auch jede Menge gesunde Ballaststoffe, die unsere Verdauung unterstützen, Vitamin A, C und B sowie die Mineralstoffe Zink, Bor, Kalium und Kalzium.

Was ihre Lagerung angeht, können bereits reife Birnen problemlos im Kühlschrank aufbewahrt werden. Noch unreife Früchte hingegen sind besser an einem nicht zu kühlen Ort aufgehoben.

Genau wie Apfelkerne auch, enthalten die Kerne der Birne kleine Mengen an Blausäure. Werden jedoch normale Mengen des Obstes verzehrt, ist die enthaltene Blausäure für gesunde Menschen unbedenklich. Dementsprechend können Birnen mit Schale und Kerngehäuse verzehrt werden. Aber auch hier gilt: Wer auf Nummer sicher gehen möchte, sollte die Birnenkerne vor der Weiterverarbeitung aus dem Kerngehäuse entfernen.

Birnenessig

Für 0,75 l
glutenfrei/vegan

500 g Birnenreste (Schalen gewaschen und Kerngehäuse)
1 EL Zucker
1 Bio-Limette
Wasser

2 Einmachgläser mit 1 l Fassungsvermögen
Glasflasche mit 0,75 l Fassungsvermögen

1. Erstes Einmachglas gründlich heiß auswaschen.
2. Birnenreste mit Zucker einfüllen.
3. Limette waschen, halbieren und zu den Birnenresten geben.
4. Einmachglas mit Wasser auffüllen.
5. Mit einem sauberen Tuch abdecken und etwa 1–2 Wochen stehen lassen. Alle paar Tage umrühren oder schwenken. Durch die Gärung bildet sich weißer Schaum, und der Geruch verändert sich (saurer Gärgeruch).
6. Sud nun durch ein sauberes Küchentuch in das andere gereinigte Einmachglas füllen und mit einem Tuch abgedeckt nochmals etwa 4–5 Wochen stehen lassen.
7. Erneut durch ein Tuch abgießen und den fertigen Birnenessig in eine Flasche abfüllen. Im Kühlschrank lagern.

Birnensirup

Für ca. 400 ml
glutenfrei/vegan

500 g Birnenreste (Schalen gewaschen und Kerngehäuse)
500 ml Wasser
250 g Zucker
Saft einer Zitrone
1 TL Vanillepulver oder eine Vanilleschote
1 Zimtstange

Glasflasche(n) zum Abfüllen mit einem Fassungsvermögen von insgesamt 400 ml

1. Birnenreste in einen Topf geben.
2. Wasser hinzufügen und langsam erhitzen.
3. Zucker, Zitronensaft, Vanille und Zimtstange unter Rühren hinzufügen.
4. Zum Kochen bringen und ca. 30 Min. bei mittlerer Hitze einkochen lassen (der Großteil des Wassers verdampft).
5. Den Birnensud durch ein feinmaschiges Tuch bzw. einen Nussmilchbeutel filtern und in einem Behälter auffangen. Die Birnenreste noch etwas ausdrücken. Danach den Sud in heiß ausgespülte, gut verschließbare Glasflaschen füllen und kühl lagern.

Tipp:

Sobald eine Flasche angebrochen wurde, sollte sie im Kühlschrank gelagert werden. Diesen Sirup kann man zum Süßen verwenden, zum Verfeinern von Desserts und Eis usw.

BLUMENKOHL

Blumenkohl ist reich an Eisen, Kalium, Kalzium sowie den Vitaminen B und C. Außerdem lassen sich die kleinen weißen Blumenkohlröschen sogar zu Blumenkohlreis oder einem Pizzaboden verarbeiten. Aber auch »klassisch« gekocht kommt Blumenkohl selbst bei Kindern gut an.
Schade nur, dass Blumenkohlblätter und der Strunk meist im Müll landen – das muss und sollte nicht sein! Schließlich enthält der feste Strunk des Gemüses die gleichen gesunden Inhaltsstoffe, wie sie auch in den beliebten Blumenkohlröschen zu finden sind. Etwas länger gekocht lässt er sich beispielsweise zu leckerem Püree verarbeiten.
Auch die Blätter des Blumenkohls können, mit Gewürzen, Essig und Öl abgeschmeckt, zu einem Salatdressing oder Pesto verarbeitet werden.

Fruchtiger Blumenkohlblättersalat

Für 1 Portion
glutenfrei/vegan

Blätter von 1-2 Blumenkohl
2 EL Olivenöl
Salz, Pfeffer
5 Stängel Petersilie (oder andere Kräuter nach Wahl)
1 Schalotte
1 Knoblauchzehe
1-2 EL Essig oder Zitronensaft
200 g Johannisbeeren

1. Backofen auf 200 °C Ober-/Unterhitze vorheizen.
2. Blumenkohlblätter waschen und trocken tupfen.
3. Olivenöl, Salz und Pfeffer in einer Schüssel mischen. Die Blumenkohlblätter hinzufügen und alles gut durchmischen, sodass alle Blätter mit der gewürzten Ölmischung bedeckt sind.
4. Backblech mit Backpapier auslegen, die Blumenkohlblätter darauf verteilen und für etwa 15 Min. im Ofen backen. Nach der Hälfte der Backzeit einmal umdrehen.
5. Petersilie waschen und trocken schütteln.
6. Schalotte und Knoblauchzehe abziehen und gemeinsam mit der Petersilie hacken.
7. Die gegrillten Blumenkohlblätter mit gehackter Schalotte, Knoblauch und Petersilie bestreuen und mit etwas Essig oder Zitronensaft beträufeln.
8. Johannisbeeren waschen, abtrocknen und dazu servieren oder untermischen.

Tipp:

Dazu passt ein Quark-Joghurt Dip oder Guacamole.

stone washed
pure linen

Blumenkohlblätter und -strunk zum Knabbern

Für 1–2 Portionen
glutenfrei/vegan

Blätter und Strunk von 1-2 Blumenkohl
2 EL Olivenöl
Salz, Pfeffer
Gewürze nach Wahl, z. B. Paprikapulver, Chili, Kurkuma

1. Blätter und Strunk waschen und trocken tupfen.
2. Braune Stellen abschneiden und Strunk evtl. abschälen (optional).
3. In die gewünschte Größe schneiden z. B. den Strunk in Scheiben und die Blätter kleiner schneiden.
4. Olivenöl und Gewürze nach Wahl in einer Schüssel vermischen.
5. Blumenkohlstücke hinzufügen und alles gut vermengen, damit alle Teile mit Gewürzen und Öl bedeckt sind.
6. Schüssel abdecken und ca. 30 Min. ziehen lassen.
7. Ofen auf 150 °C Umluft vorheizen.
8. Marinierte Blumenkohlstücke auf ein mit Backpapier ausgelegtes Backblech geben.
9. Für ca. 15–20 Min. im Ofen backen.
10. Dabei mehrmals wenden. Die Blätter evtl. vorher aus dem Ofen holen, da sie bei zu langer Backzeit sehr dunkel werden und dann auch bitter schmecken.

Tipp:
Leckere Knabberei – schmeckt warm und kalt.

BROKKOLI

Genau wie Blumenkohl enthält auch Brokkoli viel Kalzium, Kalium, Eisen sowie Zink und kann inklusive seiner Blätter und des Strunks verarbeitet werden. Gekocht lässt sich der Brokkolistrunk nicht nur zu leckerem Püree verarbeiten. In feine Streifen geschnitten lässt er sich hervorragend als Gemüsebeilage servieren und erinnert geschmacklich an Spargel.

Brokkolinudeln mit Brokkoli-Käse-Soße

Für 2 Portionen
glutenfrei

1 Brokkoli
1 Zwiebel
1 EL Öl
100 g Katenschinken
200 ml Sahne
Salz, Pfeffer

1. Brokkoliröschen abschneiden (am besten so, dass so viel wie möglich vom Strunk übrig bleibt).
2. Strunk durch den Julienne-Schneider/Spiralschneider drehen und in einer Schüssel zur Seite stellen. Evtl. übrig bleibende Reste klein schneiden.
3. Brokkoliröschen in mundgerechte Stücke schneiden.
4. Zwiebel schälen und zerkleinern, in einer Pfanne mit Öl erhitzen und goldbraun andünsten.
5. Katenschinken dazugeben und von allen Seiten anbraten.
6. Die Brokkoliröschen und übrigen Stückchen hinzufügen, unter mehrmaligem Wenden andünsten.
7. Sahne einfüllen und auf niedriger Stufe köcheln lassen.
8. Mit Salz und Pfeffer abschmecken.
9. Die Brokkolinudeln hinzufügen und in den letzten Minuten mitköcheln lassen, bis sie gar sind.

Tipp:

Brokkoliblätter können wie Blumenkohlblätter zum Knabbern (siehe S. 42) weiterverarbeitet werden, oder man schneidet sie in kleine Streifen und lässt sie in der Sahnesoße mitkochen. Dazu mindestens 100 ml Sahne oder Gemüsebrühe und 50 g Katenschinken zum Rezept hinzufügen.

Brokkolistrunk-Chips

Für 1–2 Portionen
glutenfrei/vegetarisch

Strunk von 1-2 Brokkoli
2 EL Olivenöl
Salz, Pfeffer
Gewürze nach Wahl, z. B. Paprikapulver, Chili, Kurkuma
50 g Reibekäse

1. Strunk waschen und trocken tupfen.
2. Strunk evtl. abschälen (optional) bzw. dunkle Stellen abschneiden.
3. In die gewünschte Größe, z. B. in Scheiben, schneiden.
4. Olivenöl und Gewürze nach Wahl in einer Schüssel vermischen.
5. Strunkscheiben hinzufügen und alles gut vermengen, damit alle Teile mit Öl bedeckt sind.
6. Schüssel abdecken und ca. 30 Min. ziehen lassen.
7. Ofen auf 150 °C Umluft vorheizen.
8. Marinierte Brokkolistücke auf ein mit Backpapier ausgelegtes Backblech geben. Einen Teil davon mit Reibekäse bestreuen.
9. Ca. 15–20 Min. im Ofen backen.

Tipp:
Leckere Knabberei – schmeckt warm und kalt.

Brokkoli-Frikadellen

Für 4–6 Frikadellen
vegetarisch

1 Brokkolistrunk (mind. 200 g)
50 g Frühlingszwiebeln
1 Ei
50 g Mehl
30 g Parmesan
Salz, Pfeffer
2 EL Olivenöl

1. Salzwasser zum Kochen bringen.
2. Brokkolistrunk waschen, evtl. schälen (optional), würfeln und im Salzwasser in ca. 5–10 Min. weich garen.
3. Frühlingszwiebeln putzen und fein zerkleinern (können komplett verwendet werden).
4. Brokkolistücke in einem Sieb gut abtropfen lassen, in einer Schüssel zerstampfen.
5. Frühlingszwiebeln, Ei, Mehl und Parmesan zugeben und alles gut unterrühren.
6. Mit Salz und Pfeffer abschmecken.
7. Aus der Masse 6 Frikadellen formen und im heißen Olivenöl durchbraten.

FENCHEL

Fenchel ist reich an Vitamin B, C, E, Kalzium, Kalium und Eisen. Außerdem verleiht Fenchel vielen Gerichten eine besondere Note und wird auch als Heilpflanze bei Magen- und Darmbeschwerden eingesetzt.

In der Küche kann dabei nicht nur die Fenchelknolle selbst, sondern auch das zarte Fenchelgrün zum Einsatz kommen. Das fedrige Grün kann beispielsweise Kartoffelpüree aufpeppen oder zu Pesto verarbeitet werden.

Fenchel-Orangen-Salat

Für 2 Portionen
glutenfrei/vegetarisch

1 Fenchelknolle mit Grün
1 Orange
1 rote Zwiebel
2 EL Weißweinessig
1 TL Dijon-Senf
1 TL Honig
2 EL Walnuss- oder Olivenöl
Salz und Pfeffer
30 g Pinienkerne

1. Fenchel waschen, trocken tupfen, den Strunk entfernen und zur Seite legen.
2. Fenchel mitsamt Grün in feine Streifen schneiden, den Strunk klein hacken.
3. Orange waschen und die Schale abreiben.
4. Orange schälen und filetieren, dabei den Saft in einer Schüssel auffangen und die Trennhäute aufbewahren.
5. Zwiebel schälen, halbieren und in feine Streifen schneiden.
6. Für das Dressing den Saft aus den Trennhäuten pressen, zum restlichen Orangensaft in die Schüssel geben, Weißweinessig, Dijon-Senf, Honig und Öl hinzugeben, alles verrühren und mit Salz und Pfeffer abschmecken.
7. Pinienkerne in einer Pfanne ohne Fett goldbraun rösten.
8. Fenchel, Orangenfilets und rote Zwiebelstreifen in eine große Schüssel geben, mit dem Dressing vermischen und den Salat auf zwei Tellern anrichten.
9. Mit Pinienkernen bestreut servieren.

GURKEN

Gurken sind lecker, erfrischend und haben wenig Kalorien. Mit vielen gesunden Ballaststoffen, Vitamin B5 und B7 sowie Kalium unterstützen sie eine gesunde Verdauung und sind gut für unser Herz. Prinzipiell sollten Gurken dabei inklusive ihrer Schale verzehrt werden – gerade in und direkt unter der Schale stecken viele wertvolle Inhaltsstoffe.

Wer Gurken dennoch lieber schälen möchte, kann die übrig gebliebenen Schalen aber auch als belebende, erfrischende Gesichtsmaske weiterverwenden. Gemischt mit etwas Quark oder auch ohne weitere Zusätze kommt die antioxidative Wirkung des enthaltenen Vitamin C nämlich auch unserer Haut gelegen.

Gurkenschalenmaske

Für 1 Maske
glutenfrei/vegetarisch

Schalen von 2 Gurken
1 TL Zitronensaft
1 Eiweiß oder 1 EL Quark

1. Gurkenschale und Zitronensaft pürieren.
2. Eiweiß oder Quark einrühren.
3. Gurkenpaste auf Gesicht und Hals auftragen und etwa 15 Min. einwirken lassen (Augen und Mundpartie aussparen).
4. Mit kühlem Wasser abnehmen.

Tipp:

Diese Kosmetik sollte frisch angerührt und sofort verbraucht werden. Wirkt straffend und sorgt für Feuchtigkeit.
Für eine schnelle Extraportion Feuchtigkeit und gegen Falten hilft es auch schon, wenn man nur die Gurkenschalen auf Gesicht und Dekolleté auflegt.

Gurkenschalen-Popsicles

Für 4–6 Stück
glutenfrei/vegan

3 Zitronen
2-3 EL Agavensirup (oder Süßungsmittel nach Belieben, z. B. Zucker)
500 ml Wasser
Schalen von 1 Gurke (gewaschen)

Eis-Formen

1. Zitronen waschen und Saft auspressen.
2. Zitronenschalen, Süßungsmittel, Wasser und Zitronensaft in einem Topf aufkochen.
3. Vom Herd nehmen, abkühlen und durch ein Sieb gießen.
4. Gurkenschalen in kleinere Stücke schneiden und in den Formen verteilen.
5. Süßes Zitronenwasser zu den Gurkenschalen in die Formen gießen und Deckel mit Stiel aufsetzen.
6. Im Gefrierfach vor dem Verzehr mindestens 3 Stunden gefrieren lassen.

Infused Water mit Gurkenschalen

Für 1 Liter
glutenfrei/vegan

1 Handvoll Petersilie
Schalen von 1 Salatgurke (gewaschen)
1 unbehandelte Limette
1 l kaltes Wasser (ohne Kohlensäure)

1. Petersilie abwaschen und trocken schütteln.
2. Gurkenschalen und Petersilie in einen Saft- oder Wasserkrug geben.
3. Limette heiß waschen und in dünne Scheiben schneiden. Einige Limettenscheiben zur Dekoration beiseitelegen.
4. Restliche Limettenscheiben zu Gurkenschalen und Limettenscheiben in den Krug geben.
5. Mit dem kalten Wasser auffüllen und zugedeckt im Kühlschrank mindestens 1 Stunde, am besten über Nacht ziehen lassen.

Tipp:

Mit Eiswürfeln servieren. Ein herrliches Erfrischungs- und Detoxgetränk.

KAROTTEN

Karotten sind lecker, knackig und haben einen natürlich süßen Geschmack. Außerdem enthält das Gemüse viel wertvolles Vitamin C und E sowie Provitamin A. Die Schale der Karotte muss vor ihrem Verzehr grundsätzlich nicht entfernt werden. Auch darin sitzen viele wichtige Inhaltsstoffe.
Wer Schale und Karottengrün aber dennoch entfernen möchte, kann hieraus beispielsweise eine schmackhafte Gemüsebrühe wie auf S. 121 zubereiten oder beides sehr fein hacken und getrocknet und gewürzt gemeinsam mit weiterem Trockengemüse als Instantbrühe verwenden. Frisches Karottengrün lässt sich außerdem fein gehackt ähnlich wie Petersilie verwenden und verleiht Speisen einen herb-würzigen Geschmack. Karottengrün ist etwas bitterer als Petersilie, darum sollte man mit einer geringeren Menge zum Würzen starten.

Karottenschalen-Quinoa-Salat

Für 2 Portionen
glutenfrei/vegan

100 g Quinoa
200 ml Wasser
Salz
1 Handvoll Karottengrün
50 g Mandeln (oder Mandelplättchen)
1 Zwiebel
1 Knoblauchzehe
2 EL Ölivenöl
3 EL Tahini
2 EL Zitronensaft
2 EL Tamari (optional)
ca. 250 g Karottenschalen, gewaschen

1. Quinoa nach Packungsanleitung in einen Topf mit Salzwasser zubereiten.
2. Karottengrün waschen, abtropfen lassen und grob hacken.
3. Mandeln grob hacken.
4. Für das Dressing Zwiebel und Knoblauch abziehen und fein hacken.
5. Mit Öl, Tahini, Zitronensaft und Tamari verrühren.
6. Quinoa, Karotten und Karottengrün mit dem Dressing vermischen und entweder etwa 1 Stunde im Kühlschrank ziehen lassen oder sofort servieren.
7. Mit gehackten Mandeln anrichten.

Tipp:

Nach Belieben mit gehacktem Karottengrün und gehackter Petersilie servieren.

pure washed
linen.

Salat mit Karottenkraut-Kräuter-Dressing

Für 2 Portionen
glutenfrei

200 g Feldsalat
1 Avocado
200 g Cherrytomaten
1 rote Zwiebel
250 g geräucherter Lachs
Grün von einer Karotte
3 EL Olivenöl
50 ml Wasser
Salz
Pfeffer
1 Prise Zucker (oder Süßungsmittel nach Wahl)

1. Feldsalat putzen und abtropfen lassen.
2. Avocado halbieren, entkernen, Fruchtfleisch mit einem Löffel aus der Schale lösen und in Scheiben schneiden.
3. Cherrytomaten waschen, abtrocknen und klein schneiden.
4. Zwiebel abziehen, eine Hälfte in Streifen schneiden, die andere Hälfte fein hacken.
5. Feldsalat, Avocadoscheiben, Tomatenstücke, Lachs und Zwiebeln auf zwei Tellern anrichten.
6. Karottengrün waschen, trocken schütteln und sehr fein hacken.
7. Olivenöl, Wasser, Salz, Pfeffer, Zucker und klein gehackte Zwiebeln vermischen.
8. 1 EL fein gehacktes Karottengrün unterrühren.
9. Dressing über den Salat geben und genießen.

Tipp:

Das Dressing kann auch in größeren Mengen auf Vorrat hergestellt und ca. 1 Woche im Kühlschrank gelagert werden.
Die Avocadoschalen können wie auf S. 29 beschrieben weiterverwendet werden.

Kräutersalz mit Karottenkraut

Für ca. 200 g
glutenfrei/vegan

50 g Karottengrün
200 g grobes Meersalz

1. Backofen auf 40 °C vorheizen.
2. Karottengrün waschen, trocken schütteln und klein hacken.
3. Karottengrün im Backofen etwa 60 Min. trocknen lassen. Dazu mehrmals die Ofentüre öffnen, damit die Feuchtigkeit entweichen kann, und das Grün wenden.
4. Das getrocknete Karottengrün evtl. noch mörsern und mit dem Meersalz vermischen.

Tipp:

Um ressourcenschonend zu arbeiten, empfiehlt es sich, immer die Restwärme des Ofens zu nutzen bzw. mehrere Rezepte aus diesem Buch parallel durchzuführen, z. B. Trocknen von Apfelschalen etc. Führen Sie ab und an einfach einen Resteverwertungs-Tag ein.

KIWI

Kiwis sind nicht nur besonders reich an Vitamin C, sondern enthalten auch das Enzym Actinidain, welches uns bei der Verdauung von Proteinen hilft. Mit anderen Worten: Das Kiwi-Enzym zersetzt Milcheiweiß, bewirkt aber auch, dass sich rohe Kiwis weniger gut mit Joghurt oder anderen Milchprodukten vertragen. Werden rohe Kiwis einem Milchprodukt hinzugefügt, entwickelt sich nämlich nach kurzer Zeit ein unangenehm bitterer Geschmack.
Nichtsdestotrotz lässt sich die gesunde, pelzige Frucht aber besonders lecker in Fruchtsmoothies, im Obstsalat oder kurz angedünstet – das zerstört das Kiwi-Enzym – auch gemeinsam mit Milchprodukten genießen. Und sogar für die pelzige Kiwischale gibt es Verwendung.
Gründlich gewaschen kann auch die Schale der Kiwi mitgegessen oder – wer die pelzige Schale nicht auf der Zunge spüren möchte – in einem leckeren Fruchtsmoothie einfach mitverarbeitet werden!

Kiwi-Avocado Peeling

Für 1 Ganzkörper-Peeling-Behandlung
glutenfrei/vegetarisch

½ Avocado
1 Kiwi mit Fruchtfleisch und Schalen von 2 weiteren Kiwis (gewaschen)
1 Stück Ingwer (ca. 2 cm)
1 EL Honig
2 EL brauner Zucker
2 EL Meersalz
2 EL Olivenöl

1. Avocado-Fruchtfleisch mit einem Löffel aus der Schale lösen.
2. Avocado mit Kiwi und Kiwiresten, Ingwer und Honig pürieren.
3. Braunen Zucker, Meersalz und Olivenöl untermischen.
4. Peeling in kreisenden Bewegungen auf dem Körper auftragen. Das Peeling ist auch für das Gesicht geeignet, Augen- und Mundpartie aussparen.
5. Idealerweise kurz (5 Min. in der Dusche) einwirken lassen und danach mit warmem Wasser abspülen.

Tipp:

Das Peeling spendet Feuchtigkeit, wirkt rückfettend und sorgt für eine samtige Haut.

Kiwischalen-Erdbeer-Smoothie

Für 2 Portionen
glutenfrei/vegetarisch

250 g Erdbeeren
Schalen von 2-3 Kiwis
1 Banane
1 TL Agavendicksaft oder Süßungsmittel nach Wahl
3 Eiswürfel (optional)

1. Erdbeeren waschen (können mit Stängel/Erdbeergrün komplett verwendet werden) und abtropfen lassen.
2. Kiwischalen waschen und abtropfen lassen.
3. Banane waschen, harte Enden abschneiden und mit Schale in Stücke schneiden.
4. Erdbeeren, Kiwischalen, Süßungsmittel, Banane und Eiswürfel zu einem cremigen Smoothie pürieren.

Tipp:

Für den Smoothie kann man auch eingefrorene Bananenstücke, Bananenschalen oder etwas Bananenschalenpulver von S. 32 verwenden.

KOHL

Rot- und Weißkohl enthalten neben reichlich gesundem Vitamin C, B, Folsäure, Betacarotin und Kalzium auch viele gesunde Ballaststoffe sowie sekundäre Pflanzenstoffe. So helfen sie uns dabei, auf natürliche Weise unsere Abwehrkräfte zu stärken und auch während der kalten Jahreszeit gesund und fit zu bleiben.

Weiße, rote und alle anderen Kohlsorten lassen sich komplett und ganz ohne Bioabfall verwerten. Anders als oft gedacht, müssen nämlich weder die äußeren Blätter des Kohls noch sein Strunk in der Biotonne landen. Stattdessen lassen sich auch diese Teile des gesunden Gemüses mitverarbeiten.

Während die Blätter des roten und weißen Kohls dabei z. B. für Rohkostsalate oder Kohlrouladen geeignet sind, macht sich der Strunk gegart besonders gut. Aufgrund seiner festeren Konsistenz ist dabei lediglich zu beachten, dass er eine längere Garzeit benötigt als die feineren Kohlblätter.

Kohl-Fritters

Für 2 Portionen
vegetarisch

Strunk eines Weiß- oder Rotkohls
1 Kohlrabi mit Blattgrün
1 Zwiebel
1 EL Öl
100 g Mehl
2 Eier
Salz
Pfeffer
1 Prise Muskatnuss gemahlen

1. Strunk erst in Scheiben, dann in feine Streifen schneiden.
2. Blattgrün vom Kohlrabi abschneiden. Alle Kohlrabiteile inklusive Knolle waschen und von gelben Stellen befreien.
3. Kohlrabiknolle mit Schale erst in dünne Scheiben, dann in kleine feine Streifen schneiden.
4. Kohlrabiblätter fein hacken.
5. Kohlstrunk- und Kohlrabistücke in kochendem Salzwasser etwa 10 Min. kochen (sollten noch bissfest sein), abgießen und gut abtropfen lassen.
6. Zwiebel abziehen, fein würfeln und im heißen Öl glasig dünsten.
7. Backofen auf 160 °C Umluft vorheizen.
8. Öl in eine Pfanne geben und die Zwiebelwürfel glasig andünsten.
9. Mehl, Eier, gekochte Kohl- und Kohlrabistücke und Zwiebelwürfel in einer Schüssel gut vermengen.
10. Mit Salz, Pfeffer und Muskat würzen.
11. Aus der Masse Fritters formen und auf ein mit Backpapier ausgelegtes Backblech geben.
12. Im Ofen 15–20 Min. backen, bis sie angebräunt sind.

Tipp:

Mit Parmesan bestreut servieren oder als Gemüsebeilage verwenden.

Shrimps mit Kohlsalat

Für 1 Portion
glutenfrei

400 g Kohlreste (Strunk, Außenblätter)
Salz
½ Bund Petersilie
Pfeffer
2 EL Essig
1 EL Zucker
3 EL Öl
1 Knoblauchzehe
8 Garnelen (küchenfertig)

1. Kohlreste fein reiben bzw. in kleine Streifen schneiden, mit 1 Prise Salz in einen Topf mit ca. 500 ml Wasser geben und unter Rühren aufkochen lassen. Danach abseihen.
2. Petersilie waschen, trocken schütteln und hacken.
3. Nochmals 1 Prise Salz, dann Pfeffer, Essig, Zucker, 1 EL Öl und 1 EL gehackte Petersilie verrühren und unter den Kohl mischen.
4. Den Krautsalat vor dem Servieren für mindestens 30 Min. ziehen lassen.
5. Knoblauch abziehen und pressen.
6. Restliche Petersilie, Knoblauch, Salz und Pfeffer zusammen mit dem restlichen Öl zu einer Kräuter-Marinade verrühren.
7. Garnelen abspülen und trocken tupfen.
8. Jeweils 4 Garnelen auf einen Holzspieß stecken.
9. Garnelen mit etwas Marinade beträufeln und in einer Pfanne von beiden Seiten anbraten.
10. Die restliche Marinade zum Dippen verwenden bzw. über Garnelen und Kohlsalat gießen.

KOHLRABI

Kohlrabi enthält viel weniger Kohlenhydrate als Kartoffeln, lässt sich aber ähnlich – beispielsweise als Püree oder Pommes – zubereiten. Das Gemüse ist reich an Kalzium, Folsäure, Selen und Magnesium.

Besonders oft wird Kohlrabi inklusive seiner Stängel und Blätter verkauft. Das ist wichtig, schließlich lässt sich an ihnen erkennen, wie frisch das Gemüse ist. Allerdings haben Stängel und Blätter der Kohlrabiknolle noch weitere wertvolle Eigenschaften: Sie enthalten viele sekundäre Pflanzenstoffe, Phosphor und sogar noch mehr Mineralstoffe als die Knolle selbst. Klar, dass sie darum keinesfalls im Müll landen sollten. Stattdessen lassen sie sich zu Suppen, Soßen und Dressings hinzufügen. Die Blätter können zudem auch ähnlich wie Spinat zubereitet oder sogar zu Kohlrabi-Kohlrouladen verarbeitet werden.

Kohlrabinudeln mit Kohlrabiblatt-Pesto

Für 2 Portionen
glutenfrei/vegetarisch

3 Kohlrabis mit Blättern
50 ml Olivenöl
2 EL gehackte Mandeln
2 bis 3 EL Parmesan, gerieben
Zitronensaft
Salz, Pfeffer

1. Die Blätter samt Stielen von den Kohlrabis abschneiden, waschen und abtropfen lassen, danach fein hacken.
2. Mit Olivenöl, gehackten Mandeln, Parmesan und etwas Zitronensaft in ein hohes Gefäß geben.
3. Pürieren und mit Salz und Pfeffer abschmecken.
4. Die Kohlrabis waschen und mit dem Julienneschneider/Spiralschneider zu Nudeln drehen.
5. Einen Topf mit Salzwasser aufsetzen und zum Kochen bringen. Die Kohlrabinudeln darin 5–8 Min. kochen lassen.
6. Wenn die Gemüsenudeln gar sind, auf 2 Teller verteilen und mit dem Pesto servieren.

Kartoffelpüree mit Kohlrabiblättern

Für 2 Portionen
glutenfrei/vegetarisch

Blätter von 1 Kohlrabi
8 Kartoffeln
20 g Butter
50 ml Milch
Salz, Pfeffer
Muskatnuss gemahlen

1. Kohlrabigrün waschen und klein schneiden.
2. Kartoffeln waschen, schälen, würfeln und in Salzwasser etwa 20 Min. kochen.
3. Nach 15 Min. Kochzeit das Kohlrabigrün (evtl. 1 TL für die Deko zurücklegen) hinzufügen und mitkochen.
4. Wasser abgießen und auffangen.
5. Kartoffeln und Kohlrabigrün stampfen.
6. Butter, Milch und Gewürze hinzufügen und abschmecken. Evtl. noch etwas aufgefangene Brühe hinzufügen wenn die Konsistenz noch etwas cremiger sein soll.

Quiche mit Spinat und Kohlrabiblättern

Für 1 Quiche/4 Portionen

1 Zwiebel
1 Knoblauchzehe
1 kleiner Bund Dill
300 g Spinat
Blätter von 2-3 Kohlrabis (ca. 300 g)
250 g Lachsfilet (frisch)
1 Zitrone
1 EL Butter
250 g Schmand
50 ml Milch
3 Eier
Salz, Pfeffer, Muskatnuss gemahlen
1 Packung Quicheteig

1 Quiche-Form/Springform ca. 23 cm

1. Den Ofen auf 200 °C Ober-/Unterhitze vorheizen.
2. Zwiebel und Knoblauch abziehen und fein würfeln.
3. Dill waschen, trocken schütteln und hacken.
4. Spinat und Kohlrabiblätter waschen, abtropfen lassen und grob zerkleinern.
5. Lachsfilet waschen, trocken tupfen und in Würfel schneiden.
6. Zitrone halbieren und Saft auspressen.
7. Butter in einer Pfanne erhitzen, die Knoblauch- und Zwiebelwürfel darin ca. 2–3 Min. anschwitzen.
8. Spinat und Kohlrabiblätter hinzugeben und für weitere ca. 3–5 Min. mitdünsten (bis die Blätter zusammenfallen).
9. Schmand, Zitronensaft, Milch und Eier in einer Schüssel verrühren und hinzugeben.

10. Dill ebenfalls hinzugeben und mit Salz, Pfeffer und Muskat abschmecken.
11. Quicheteig entrollen und in eine gefettete Tarteform geben (optional kann man auch eine Springform verwenden). Überstehende Ränder umklappen und andrücken. Den Teig dabei mit einer Gabel einstechen.
12. Den Lachs auf dem Teig verteilen, mit der Eiermasse übergießen und glattstreichen.
13. Die Quiche ca. 30 Min. goldgelb backen.

Kohlrabiblättersalat mit Quark-Dip

Für 2 Portionen
glutenfrei/vegetarisch

Blätter von 2-3 Kohlrabis (ca. 300 g)
1 EL Essig
2 EL Öl
Salatkräuter getrocknet
Salz, Pfeffer
½ Granatapfel
½ Bund Petersilie
125 g Quark
125 g Joghurt
2 TL Zitronensaft
1 Prise Zucker

1. Kohlrabiblätter abspülen, trocken schütteln, evtl. von gelben Stellen befreien und in mundgerechte Stücke schneiden.
2. Essig, Öl, Salatkräuter, Salz und Pfeffer verrühren und mit den Kohlrabiblättern vermischen.
3. Granatapfel entkernen und die Kerne auf dem Salat verteilen.
4. Petersilie waschen und trocken schütteln.
5. Petersilienstängel fein schneiden und mit Quark, Joghurt und Zitronensaft verrühren. Mit Salz, Pfeffer und Zucker abschmecken.
6. Petersilienblätter hacken und über den Salat geben.
7. Salat mit Quark-Dip servieren.

Kohlrabiblätter-Dressing

Für 3 Portionen
glutenfrei/vegan

Blätter von 1 Kohlrabi
1 Knoblauchzehe
5 EL Olivenöl
5 EL Essig
100 ml Wasser
Salz, Pfeffer

1. Kohlrabiblätter waschen, abtropfen lassen, evtl. von braunen Stellen befreien und fein hacken.
2. Knoblauchzehe abziehen und ebenfalls fein hacken.
3. Alle Zutaten miteinander vermischen und mit Salz und Pfeffer abschmecken.

Tipp:

Das Dressing schmeckt sehr gut zu Blattsalaten oder Tomatensalat und hält sich in einer Glasflasche verschlossen im Kühlschrank ca. 1 Woche.
Mit diesem Dressing lassen sich z. B. auch Pürees verfeinern. Einfach 1–2 EL unter das Kartoffelpüree (siehe S. 69) mischen.

KÜRBIS

Kürbis ist lecker, gesund und lässt sich an einem dunklen, kühlen Ort sogar oft mehrere Monate lagern. Kürbisse können in den allermeisten Fällen komplett, das heißt, inklusive ihrer Kerne und ihrer Schale, verzehrt werden! Wichtig ist dabei neben gründlichem Waschen jedoch: Bei Kürbissorten mit einer dickeren Schale bedarf es einer wesentlich längeren Garzeit. Ratsam kann es darum sein, den Kürbis dennoch zu schälen und die Schale separat etwas länger zu garen als das Fruchtfleisch.

Außerdem enthalten die Kerne des Kürbisses besonders viel gesundes Vitamin A, B und C sowie Kalzium, Selen und Zink. Dementsprechend müssen auch sie nicht weggeworfen werden, sondern können gesäubert zu einem gesunden Snack geröstet werden.

Kürbiskernbrot

Für 1 Laib Brot mit ca. 1 kg
vegan

½ Würfel frische Hefe
1 EL Zucker
50 ml warmes Wasser
500 g Weizenvollkornmehl
300 g Roggenvollkornmehl
1 EL Salz
2 EL Kürbiskernöl (alternativ: Olivenöl)
150 g Kürbiskerne
100 g Körner und Saaten nach Belieben, wie z. B. Kürbiskerne, Sonnenblumenkerne

1. Hefe zerbröseln, mit Zucker und warmem Wasser verrühren, damit sich die Hefe auflöst.
2. Weizen- und Roggenmehl, Salz sowie das Kürbiskernöl hinzufügen und gut verkneten.
3. Zugedeckt an einem warmen Ort 30 Min. gehen lassen.
4. Teig nochmals durchkneten. Dabei 150 g Kürbiskerne einkneten.
5. Zu einem Laib formen und auf ein mit Backpapier ausgelegtes Backblech setzen.
6. Nochmals 30 Min. zugedeckt gehen lassen.
7. Ofen auf 180 °C Umluft vorheizen.
8. Oberfläche des Kürbiskernbrots mit Wasser bestreichen, nochmals 100 g Körner an der Brotaußenseite andrücken und etwa 45–50 Min. backen.

Kürbissuppe mit getrockneten Kürbiskernen

Für 4 Portionen
glutenfrei/vegetarisch

300 g Kürbis (z. B. Hokkaido)
100 g Kartoffeln
1 Zwiebel
1 Knoblauchzehe
1 Stück Ingwer (ca. ½ cm)
1 EL Butter
350 ml Gemüsebrühe
100 ml Schlagsahne
Salz
Pfeffer
Muskatnuss gemahlen

1. Kürbis und Kartoffeln waschen und schälen. Kürbis halbieren und Kerne entfernen. Kartoffeln und Kürbis würfeln.
2. Falls man noch keine Kürbiskerne getrocknet hat (siehe Tipp S. 79), kann man die Kürbiskerne für die Zugabe zur Suppe auch wie auf S. 80 (Geröstete Kürbiskerne) zubereiten, oder man behält die frischen Kürbiskerne zum Trocknen für die nächsten Gerichte.
3. Zwiebel und Knoblauch abziehen, zusammen mit Ingwer fein würfeln und in heißer Butter glasig dünsten.
4. Kürbis- und Kartoffelwürfel zu den Zwiebeln geben, mitdünsten.
5. Mit der Gemüsebrühe ablöschen. Etwa 20 Min. bei mittlerer Hitze kochen und danach pürieren.
6. Schlagsahne einrühren.
7. Mit den Gewürzen abschmecken.
8. Mit den getrockneten oder gerösteten Kürbiskernen servieren.

Tipp:

Kürbiskerne kann man bereits auf Vorrat trocknen und die Kerne aus diesem Rezept wieder für das nächste Gericht zum Aufstreuen oder Hinzufügen verwenden. Zum Trocknen Kerne komplett vom Fruchtfleisch befreien, durchwaschen und abtropfen lassen.

Auf einem Küchenkrepp ausbreiten und einige Tage trocknen lassen. Immer wieder wenden bzw. feuchtes Küchenkrepp durch trockenes ersetzen.

Geröstete Kürbiskerne

Zutaten für 3–4 Portionen
glutenfrei/vegan

Frische Kürbiskerne

1. Kerne komplett vom Fruchtfleisch befreien, durchwaschen und abtropfen lassen.
2. Auf einem Küchenkrepp ausbreiten und einige Tage trocknen lassen.
3. Eine beschichtete Pfanne erhitzen.
4. Kürbiskerne darin ohne Zugabe von Fett etwa 3–4 Min. rösten.
5. Dabei ständig umrühren, damit die Kürbiskerne nicht anbrennen.
6. Pfanne vom Herd nehmen und Kürbiskerne erkalten lassen.

Tipp:
Man kann die Kerne auch auf ein mit Backpapier ausgelegtes Backblech geben und, während man ein anderes Gericht im Ofen hat, für ca. 5–10 Min. mit in den Backofen schieben. Mind. einmal wenden, aus dem Ofen nehmen und auf dem Blech abkühlen lassen.

Leckere Knabberei für zwischendurch oder als Zugabe zu Salaten und Suppen.

LAUCH

Lauch – auch Porree genannt – lässt sich als Gemüse, aber auch als Gewürz verwenden. Dabei kann Lauch sowohl kalt in Salaten als auch warm gegessen werden. Zu einer nicht nur leckeren, sondern auch gesunden Wahl machen ihn dabei die enthaltenen Vitamine C und K sowie Kalium, Kalzium, Magnesium und Mangan.
Viele halten den oberen, grünen Teil des Gemüses für nicht essbar. Das stimmt aber nicht! Stattdessen enthält gerade dieser Teil des Porrees besonders viel Betacarotin, Fluor und Zink.
Übrigens: Nicht nur der obere, grüne Teil des Lauchs ist essbar. Auch der unterste Teil der Stange, an dem sich die Wurzelhaare befinden, kann nach gründlichem Waschen z. B. fein gehackt gegessen werden. Dieser Teil des Lauchs hat dabei ein besonders intensives Zwiebelaroma.

Flammkuchen mit Lauch

Für 4 Stück
vegetarisch

½ Packung Trockenhefe
½ TL Zucker
175 ml Wasser
250 g Weizenmehl
100 g Roggenvollkornmehl
1 TL Salz
1 EL Olivenöl
300 g Schmand
200 g Ziegenfrischkäse
½ TL Muskatnuss gemahlen
Salz, Pfeffer
250 g Lauchreste (gewaschen)
1 kleiner Bund Schnittlauch
100 g Walnusskerne

1. Trockenhefe und Zucker in das zimmertemperierte Wasser einrühren und 15 Min. stehen lassen.
2. Mehle und Salz in einer großen Schüssel vermischen; die Wasser-Hefe-Mischung und das Olivenöl hinzugeben.
3. Alles zu einem geschmeidigen Teig verkneten, gegebenenfalls mehr Mehl oder Wasser hinzufügen. Teig zu einer Kugel formen und abgedeckt eine halbe Stunde bei Zimmertemperatur gehen lassen, dann für mehrere Stunden – am besten über Nacht – in den Kühlschrank stellen.
4. Etwa eine Stunde vor Weiterverarbeitung den Teig aus dem Kühlschrank nehmen und Zimmertemperatur annehmen lassen.
5. Kurz durchkneten, in 4 gleich große Portionen teilen und diese zu kleinen, leicht platt gedrückten Bällen formen. 10 Min. abgedeckt ruhen lassen.
6. Backofen auf 180 °C Ober-/Unterhitze vorheizen. Blech bereits einschieben.
7. Schmand mit Ziegenkäse vermengen und mit Muskat, Salz und Pfeffer abschmecken.

8. Lauchreste in feine Scheiben schneiden.
9. Schnittlauch waschen, trocken schütteln und klein schneiden.
10. Die Teigbälle bemehlen und nacheinander mit einer Teigrolle sehr dünn ausrollen. Die entstandenen Teigfladen jeweils auf ein Stück Backpapier legen, mit je einem Viertel der Schmand-Ziegenkäse-Mischung bestreichen sowie mit den Lauchstücken und einigen Walnüssen belegen.
11. Die Flammkuchen mitsamt Backpapier auf das heiße Backblech im Ofen legen und einige Minuten backen, bis der Teig an einigen Stellen goldbraun wird.
12. Mit etwas Schnittlauch bestreut servieren.
13. Diesen Vorgang mit den restlichen Teigfladen wiederholen.

Tomaten-Curry mit Lauchgrün

Für 2 Portionen
glutenfrei/vegan

1 rote Zwiebel
1 Knoblauchzehe
70–100 g Lauchgrün bzw. -abschnitte (gewaschen)
1 EL Öl
½ TL Kreuzkümmel
½ TL Koriander
¼ TL Salz
½ TL Paprika edelsüß
½ TL Kurkuma
1 Lorbeerblatt
1 kleine rote Chilischote (für eine gute Schärfe, optional)
2 Tomaten
1 Dose geschälte Tomaten (ca. 400 g)

1. Zwiebel und Knoblauchzehe abziehen. Zwiebel halbieren und in Streifen schneiden, Knoblauchzehe hacken.
2. Lauchreste in feine Streifen schneiden.
3. Öl erhitzen, Zwiebeln, Knoblauch und Lauchstücke hinzufügen und andünsten.
4. Gewürze und Lorbeerblatt hinzufügen und noch mal kurz mitdünsten.
5. Chilischote abwaschen und Stängel abschneiden. Die Chili kann gesamt (also mit Kerngehäuse) in kleine Stücke geschnitten werden.
6. Tomaten waschen, abtrocknen und in kleine Würfel schneiden. Tomatenwürfel zusammen mit den geschälten Tomaten und Chilistücken in den Topf geben und alles bei mittlerer Hitze ca. 15 Min. köcheln lassen.

Tipp:

Mit frisch gehackter Petersilie servieren.

PAPRIKA-/CHILISCHOTEN

Paprika sind bunt, lecker und enthalten viele gesunde Inhaltsstoffe. Insbesondere bereichern Paprika unseren Speiseplan mit Zink, Kalium, Kalzium und Vitamin C. Außerdem sorgen die in dem Gemüse enthaltenen Flavonoide für eine antioxidative, vor schädlichen Umwelteinflüssen schützende Wirkung.

Grundsätzlich sind Paprika dabei komplett, das heißt inklusive ihres Kerngehäuses und der kleinen weißen Kerne, essbar. Macht sich das Innenleben der Paprika bei bestimmten Rezepten aber weniger gut, lässt sich aus Kernen und Kerngehäuse jedoch auch eine leckere Paprika-Chili-Soße (siehe S. 86) zaubern.

Genauso wie auch Paprikaschoten können Chilis prinzipiell im Ganzen verarbeitet werden und fördern unsere Gesundheit unter anderem mit Vitamin C, Kalzium und Kalium. Zu beachten ist dabei: Besonders viel feurige Schärfe verbirgt sich in den winzigen Kernen und dem Kerngehäuse der scharfen Schoten.

Ist bei einem Gericht einmal etwas weniger Schärfe gewünscht, lässt sich das Chili-Innenleben auch leicht trocknen oder einfrieren. So kann es dann zum Einsatz kommen, wenn es etwas mehr Schärfe sein darf.

Extra-Tipp: Das getrocknete Chili-Kerngehäuse lässt sich fein mahlen und verleiht beispielsweise auch schokoladigen Desserts oder heißem Kakao eine ganz besondere Note!

Paprika-Chili-Soße

Für 8 Portionen
glutenfrei/vegan

1 Paprikaschote (rot)
Gehäuse/Kerne von 3 Paprika
Gehäuse/Kerne von 1 Chilischote
1 rote Zwiebel
1 Knoblauchzehe (optional)
1 EL Öl
200 ml passierte Tomaten
100 ml weißer Essig
½ TL Salz
1-2 EL Zucker (oder Süßungsmittel nach Wahl, z. B. Ahornsirup)
1 Prise Cayennepfeffer

Glasflasche oder -gefäß mit mind. 500 ml Fassungsvermögen

1. Paprika waschen und abtrocknen. Bei der Paprika kann man den Stängel abschneiden und den Rest ganz verwenden – in kleine Würfel schneiden.
2. Chili- und Paprikareste klein schneiden.
3. Zwiebel und Knoblauch abziehen und klein hacken.
4. Öl in einer Pfanne erhitzen. Paprika- und Chilireste, Zwiebel- und Knoblauchwürfel hinzufügen und kurz andünsten.
5. Passierte Tomaten, Essig, Salz, Zucker und Cayennepfeffer hinzufügen und auf mittlerer Stufe 35–40 Min. köcheln lassen.
6. Pürieren und noch heiß in ein sauberes Glasgefäß oder eine -flasche umfüllen.

Tipp:

Hält sich im Kühlschrank 3–4 Wochen. Nach Belieben noch 1–2 Spritzer Tabasco-Soße hinzufügen.

Chili con Carne

Für 4–6 Portionen
glutenfrei

2 Zwiebeln
1 Knoblauchzehe
1 rote Paprikaschote
1 EL Öl
500 g Hackfleisch (z. B. vom Rind)
Chilireste (Kerngehäuse)
2 Dosen geschälte Tomaten (ca. 800 g)
1 TL Paprikapulver edelsüß
Salz und Pfeffer
2 Dosen Kidneybohnen (ca. 500 g)

1. Zwiebeln und Knoblauch abziehen und klein würfeln.
2. Paprika waschen, Stiel wegschneiden und klein würfeln (kann mit Kernen etc. verwertet werden).
3. Öl in einer Pfanne erhitzen, Paprikastücke, Zwiebeln und Knoblauch kurz anschwitzen.
4. Hackfleisch hinzugeben und anbraten.
5. Chilireste klein hacken und zusammen mit den Tomaten und Gewürzen zum Hackfleisch geben. Bei mittlerer Hitze ca. 30 Min. köcheln lassen. Gelegentlich umrühren.
6. Kidneybohnen durchspülen und abtropfen lassen. Unter die Hackfleisch-Tomaten-Masse rühren und alles zusammen noch mal 5 Min. bei kleiner Stufe unter gelegentlichem Umrühren durchziehen lassen.

PAPAYA

Papayas schmecken süß, tropisch-exotisch und lassen uns sofort an Urlaub denken. Doch auch die gesunden Inhaltsstoffe der Melonenbaumfrucht können sich sehen lassen: Mit viel Vitamin C hält Papaya uns gesund, fit und wirkt vorzeitiger Hautalterung entgegen. Außerdem liefert sie Vitamin A, Eisen und wertvolles Phosphor.

Und auch die Zubereitungsmöglichkeiten der Papaya sind vielseitig: Sie lässt sich sowohl pur mit etwas Limettensaft genießen, gekocht verzehren oder ähnlich wie Melone pikant mit Schinken umwickeln.

Die Kerne der exotischen Frucht lassen sich gemahlen hervorragend als Pfefferersatz weiterverwenden.

Papayapfeffer

Für ca. 30–50 g
glutenfrei/vegan

Kerne von 1 Papaya

1. Papayakerne durchspülen und auf einem Küchenkrepp ausbreiten.
2. Etwa 5–7 Tage trocknen lassen, dabei immer wieder wenden und evtl. feuchtes durch trockenes Küchenkrepp ersetzen.
3. Kerne müssen so hart und trocken wie Pfefferkörner sein.
4. In einer Pfeffer- oder Kaffeemühle mahlen und in einem Gefäß trocken lagern.

PASTINAKEN

Pastinaken waren fast in Vergessenheit geraten – feiern mittlerweile jedoch ein echtes Comeback. Kein Wunder. Schließlich enthält das gesunde Wurzelgemüse jede Menge Vitamin C und E sowie Folsäure und Kalium.
Was ihre Zubereitung angeht, sind Pastinaken außerdem eher unkompliziert. Sie können nicht nur genauso einfach zubereitet werden wie Karotten, auch müssen Pastinaken lediglich gewaschen und nicht unbedingt geschält werden. Wenn Sie sie aber schälen möchten, können Sie Pastinakenchips aus den Schalen zubereiten.
Außerdem können auch Blätter, Stiele und Samen der Pastinake verwendet werden. Während sich Blätter und Stiele hervorragend als Würzkräuter für Gemüsegerichte oder Kräuterquark eignen, können die Samen getrocknet als kümmelartiges Gewürz zum Einsatz kommen.

Rote-Bete-Suppe mit Pastinakenchips

Für 2 Portionen
glutenfrei/vegan

400 g Rote Bete (frisch)
1 Knoblauchzehe
1 Zwiebel
1 EL Öl
500 ml Gemüsebrühe
Salz, Pfeffer
2 EL Pastinakenchips von S. 94

1. Rote Bete waschen und in grobe Würfel schneiden. Die Blätter können teilweise mitverarbeitet (dazu klein schneiden oder hacken) bzw. für Rezept von S. 104 genutzt werden.
2. Knoblauch und Zwiebel abziehen, fein würfeln und im heißen Öl glasig dünsten.
3. Rote-Bete-Würfel dazugeben und kurz mitdünsten.
4. Mit der Gemüsebrühe ablöschen.
5. Zugedeckt etwa 30 Min. bei mittlerer Hitze köcheln lassen.
6. Suppe fein pürieren.
7. Mit Salz und Pfeffer abschmecken und mit den Pastinakenchips von S. 94 servieren.

Pastinakenchips

Für 2 Portionen
glutenfrei/vegan

ca. 300 g Pastinakenschalen (gewaschen)
2 EL Olivenöl
Salz, Pfeffer
Gewürze nach Wahl: Paprikapulver, Kurkuma, etc.

1. Backofen auf 150 °C Umluft vorheizen.
2. Olivenöl mit etwas Salz und Pfeffer bzw. Gewürzen nach Wahl verrühren.
3. Pastinakenschalen zugeben und gut durchmischen.
4. Auf einem mit Backpapier ausgelegten Blech ausbreiten.
5. Pastinakenschalen im heißen Ofen 30–40 Min. knusprig backen. Zwischendurch mehrmals wenden.

RADIESCHEN

Radieschen machen sich nicht nur in Salaten gut und verleihen ihnen eine Extraportion Farbe. Auch als Brotbelag sind die pikanten Knollen ein echter Hit. Sie enthalten Kalium, Kalzium und viel Vitamin C.
Das Radieschengrün kann zum Aufpeppen von Suppen, Soßen und Salat oder einem gesunden grünen Smoothie zum Einsatz kommen.

Radieschensuppe mit Radieschengrün

Für 2–3 Portionen
glutenfrei/vegetarisch

1 Bund Radieschen mit Grün
1 Schalotte
1 Knoblauchzehe
¼ Bund Petersilie
5 Stängel Dill
1 EL Olivenöl
500 ml Gemüsebrühe
150 g Schlagsahne
Salz, Pfeffer
1 EL Frischkäse

1. Radieschengrün abschneiden, waschen und abtropfen lassen.
2. Radieschen waschen, abtrocknen und in Scheiben schneiden.
3. Schalotte und Knoblauchzehe abziehen und hacken.
4. Petersilie und Dill waschen, trocken schütteln, verlesen und klein hacken.
5. Öl in einen Topf geben und Radieschenstücke, 2 EL Radieschenblätter, Schalotten- und Knoblauchwürfel, Petersilie und Dill hinzufügen und kurz andünsten.
6. Mit Gemüsebrühe und Sahne ablöschen.
7. Mit Salz und Pfeffer würzen und ca. 10 Min. auf mittlerer Hitze köcheln lassen.
8. Falls die Suppe zu dickflüssig wird, etwas Wasser hinzufügen.
9. Suppe pürieren und Frischkäse einrühren.
10. Evtl. noch mal mit Gewürzen abschmecken.

Tipp:

Mit Radieschenscheiben, frischer Petersilie und gehackten Radieschenblättern servieren.

Grüner Smoothie mit Radieschenblättern

Für 2 Portionen
glutenfrei/vegan

1 Bund Radieschenblätter
1 Handvoll Blattsalat (mild, z. B. Kopfsalat, Endivien)
2 Blätter Minze
200 ml kaltes Wasser
Saft von ½ Zitrone
4 Eiswürfel
1 EL Agavendicksaft bzw. Süßungsmittel nach Wahl (optional)
1 Banane
1 Apfel
1 Stück Ingwer (ca. 0,5 cm)

1. Radieschenblätter, Salat und Minze verlesen, waschen und abtropfen lassen.
2. Wasser, Zitronensaft, Eiswürfel und Süßungsmittel in einen Hochleistungsmixer geben und mixen.
3. Banane schälen und in grobe Stücke brechen (eine Bio-Banane kann auch samt Schale püriert werden, dazu waschen und die harten Enden der Schale vorher entfernen).
4. Apfel waschen, Stängel entfernen und vierteln.
5. Alle restlichen Zutaten zu der Flüssigkeit in den Mixer geben und bei höchster Stufe zu einem sämigen Smoothie mixen.

RETTICH

Rettich sorgt dank der enthaltenen Senföle für den pikant-scharfen Geschmack vieler Gerichte, soll gegen Husten helfen und hält unsere Haut mit viel Vitamin C straff und jung.

Blätter, Samen und sogar Wurzeln sämtlicher Rettichgewächse lassen sich verwerten. Aus den Blättern des Rettichs kann beispielsweise ein Detox-Tee mit entgiftender Wirkung hergestellt werden. Man verwendet dazu 1 EL gehackte Rettichblätter, die man mit 250 ml kochendem Wasser übergießt. Ca. 10–15 Min. ziehen lassen und abseihen. Die Samen des Rettichs können als senfähnliches Würzmittel verwendet werden.

Rettich-Dip

Für 2 Portionen
glutenfrei/vegetarisch

Schalen und Abschnitte von 2-3 Rettichen weiß (ca. 300 g), gewaschen
1 Handvoll Rettichgrün (gewaschen)
1 Handvoll Petersilie
100 g Frischkäse
1 EL Zitronensaft
1 EL Essig
Salz, Pfeffer
1 Prise Zucker (oder Süßungsmittel nach Wahl)

1. Rettichschalen und -abschnitte klein schneiden.
2. Petersilie waschen, trocken schütteln und zusammen mit dem Rettichgrün klein hacken. Etwas Rettichgrün zum Bestreuen beiseitelegen.
3. Rettichstücke, Petersilie und 2 EL Rettichgrün, Frischkäse, Zitronensaft, Essig und Gewürze zu einer stückigen Masse pürieren.
4. Evtl. noch etwas nachwürzen.

Tipp:

Schmeckt sehr gut zu gegrilltem und gebratenem Fleisch sowie Brot.

Frittierte Rettichschalen

Für 1–2 Portionen
glutenfrei/vegetarisch

1 Ei
100 ml Milch
1 Prise Salz
50 g Mehl
Schalen von 1-2 Rettichen (gewaschen)

Öl zum Frittieren

1. Ei, Milch und Salz verquirlen.
2. Mehl hinzufügen und alles zu einem glatten Teig verrühren.
3. Rettichschalen in die Ei-Mehl-Masse geben und gut durchrühren.
4. In heißem Öl oder einer Fritteuse kurz frittieren.

Tipp:
Als Beilage zu Suppen, Salaten oder Curry-Gerichten.

ROTE BETE

Rote Bete enthält besonders viel Folsäure, Vitamin B, Kalium und Eisen – Grund genug, das klassische Wintergemüse etwas öfter im Salat oder auch gekocht zu genießen.

Blätter und Stiele der Knolle lassen sich hervorragend dünsten, anbraten oder zum Verfeinern von Salaten verwenden!

Salat mit Rote-Bete-Blättern

Für 2 Portionen
glutenfrei/vegan

Blätter und Stiele von 2-3 Rote Beten
1 Apfel
1 Knoblauchzehe
1 Scheibe Ingwer
½ Bund Petersilie
4 EL Rapsöl
2 EL Essig und/oder Zitronensaft
Salz, Pfeffer
100 g Pekannüsse

1. Rote-Bete-Blätter und Stiele waschen, trocken schütteln und in mundgerechte Stücke schneiden.
2. Apfel waschen, abtrocknen, Stiel und Kerne entfernen (können, wie in Rezepten ab S. 17 angegeben, weiterverwendet werden), klein würfeln.
3. Knoblauch abziehen und pressen.
4. Ingwer reiben.
5. Petersilie waschen, trocken schütteln und hacken.
6. Knoblauch, Ingwer, Öl, Essig, Salz und Pfeffer verrühren.
7. Rote-Bete-Stücke in eine Schüssel geben und mit Dressing, Apfel, Petersilie und Pekannüssen vermengen.

SALAT

Klassischer Kopfsalat geht immer – ob als Beilage oder gemeinsam mit anderen Salatzutaten als leckere Hauptspeise. Außerdem liefern die enthaltenen Vitamine A und C sowie jede Menge Folsäure und Betacarotin weitere gute Gründe, um einen leckeren frischen Salat noch öfter zu genießen.
Auch die äußeren, härteren Salatblätter sowie der Strunk lassen sich – fein gehackt – im Salat genießen oder auch zu selbst gemachtem Pesto verarbeiten.

Salat-Pesto

Für 4–6 Portionen
glutenfrei/vegetarisch

150 g Salatreste (zum Beispiel Kopfsalat, Eichblattsalat oder Feldsalat – auch welke Blätter)
50 g Petersilie mit Stängeln
1 Knoblauchzehe
1 Zitrone
100 g Walnusskerne
120 ml Olivenöl
40 g Parmesan
Salz und Pfeffer

1. Salat und Petersilie gründlich waschen und trocken schleudern.
2. Knoblauchzehe abziehen und pressen.
3. Zitrone waschen, Schale der Zitrone abreiben und die Zitrone auspressen.
4. Salat, Petersilie, Knoblauch, Zitronenabrieb, 8 EL Zitronensaft, Walnusskerne und Olivenöl in einen Mixer geben und pürieren, bis ein glattes Pesto entstanden ist.
5. Parmesan fein reiben, unter das Pesto rühren und alles mit Salz und Pfeffer abschmecken.

Tipp:

Eignet sich als Pesto zu Pasta oder als Brotaufstrich. Im Kühlschrank bis zu einer Woche haltbar.

SPARGEL

Spargel hat besonders wenig Kalorien – ist dabei aber mit Kalium, vielen B-Vitaminen, Folsäure und Vitamin C ein echter Gesundheits-Glücksgriff. Dabei ist es egal, ob wir zu weißem oder grünem Spargel greifen.
Abgesehen von seinen gesunden Inhaltsstoffen ist die Spargel-Farbwahl jedoch nicht ganz bedeutungslos. Schließlich kann grüner Spargel inklusive der Schale gekocht und verzehrt werden. Weißer Spargel hingegen sollte vor dem Kochen geschält werden.

Nicht zuletzt aufgrund des hohen Preises sind Spargelschalen und -abschnitte jedoch zum Wegwerfen viel zu schade. Stattdessen lässt sich aus ihnen ein schmackhafter Spargelfond herstellen.

Spargelfond

Für ca. 1 Liter
glutenfrei/vegan

200-300 g Spargelschalen und Spargelendstücke (gewaschen)
1,25 l Wasser
2 EL Zitronensaft
½ EL Zucker
1 TL Salz

1. Spargelschalen und Spargelendstücke mit dem Wasser in einem Topf aufkochen.
2. Trübstoffe und entstandenen Schaum entfernen.
3. Zitronensaft, Zucker und Salz einrühren.
4. Spargelfond etwa noch 20–25 Min. weiterköcheln und dadurch auf etwa 1 Liter Flüssigkeit reduzieren lassen.
5. Fond durch ein feines Sieb abgießen und in Gläser abfüllen.

Tipp:

Spargelfond kann beim Spargelkochen oder z. B. zur Herstellung einer Spargelcremesuppe, eines Spargelrisottos oder einer Spargelsoße verwendet werden.

SÜSSKARTOFFELN

Mit ihrem leicht süßlichen Geschmack – der ein bisschen an gekochte Karotten erinnert – lässt sich die Süßkartoffel besonders vielseitig zubereiten. Gekocht, zu Püree verarbeitet, als leckere Süßkartoffel-Pommes oder sogar süß und mit Zimt verfeinert ist die tropische Knolle aus Südamerika nicht nur lecker, sondern auch gesund.

Schließlich enthalten Süßkartoffeln alle Vitamine (bis auf die Vitamine D und B12) und stärken unser Immunsystem mit besonders viel Vitamin C, beeinflussen unseren Blutdruck mit viel Kalium positiv und wirken mit Vitamin E Alterungsprozessen entgegen.

Die Blätter der süßlichen Knollen sind selten im Handel erhältlich. Wenn man Süßkartoffel aber selbst im Garten anbaut, kann man die Blätter wie frischen Spinat zubereiten – sie enthalten außerdem viel Vitamin C und B2.

Anders als Kartoffeln sind Süßkartoffeln keine Nachtschattengewächse, sodass sich in ihrer Schale kein gesundheitsschädliches Solanin bilden kann. Aus diesem Grund können wir die Süßkartoffelschale zu einem leckeren Knabbersnack verarbeiten.

Knusprige Süßkartoffelschalen aus dem Ofen

Für 2 Portionen
glutenfrei/vegan

2 Knoblauchzehen
4 EL Olivenöl
(Rauch-)Salz, Pfeffer
Paprikapulver, edelsüß
ca. 500 g Süßkartoffelschalen (gewaschen)
nach Belieben: Käse, fein gehackte Zwiebeln

1. Den Ofen auf 200 °C Umluft vorheizen.
2. Knoblauch abziehen, pressen und mit Olivenöl, (Rauch-)Salz, Pfeffer und Paprikapulver vermischen.
3. Ein Backblech mit Backpapier auslegen.
4. Die Süßkartoffelschalen mit der Würzmischung marinieren, auf dem Blech verteilen und für etwa 15–20 Min. im Ofen rösten, dabei mehrmals wenden.

Tipp:

Nach Belieben mit Käse oder Zwiebeln bestreuen. Dazu passt auch ein Quark-Joghurt-Dip, Guacamole oder ein Tomaten-Dip.

WASSERMELONE

Lecker süß und gleichzeitig kalorienarm sind Wassermelonen ein idealer (Sommer-)Snack. Und auch die enthaltene Extraportion an Vitamin C und A macht Wassermelonen zu einer besonders guten Wahl.
Schalen und Kerne enthalten auch viel Vitamin C, A, Lycopin sowie Kalzium und Eisen. Die dicke Schale der Wassermelone lässt sich dabei entweder pur knabbern, im Salat verwenden oder (mit anderem Obst) zu einem Smoothie verarbeiten. Und auch die Melonenkerne können entweder einfach mitgegessen oder getrocknet zu einem Pulver verarbeitet werden, das Joghurt oder Smoothies gesund ergänzt.

Eingelegte Wassermelonenschalen

Für 3 Gläser mit ca. 500 ml
glutenfrei/vegan

Schalenstücke einer Wassermelone (ca. 500 g), bereits gewaschen mit evtl. noch etwas Fruchtfleisch an der Rinde
1 Zitrone
1 l Wasser
500 ml Weißweinessig
50 g Salz
150 g Zucker
1 TL Piment
2 Zimtstangen
½ TL Senfsaat/gelbe Senfkörner

Ca. 3 Einweckgläser à 500 ml Fassungsvermögen

1. Schalen in mundgerechte Stücke schneiden.
2. Zitrone waschen und in Scheiben schneiden.
3. Wasser mit Essig, Gewürzen und Zitronenscheiben in einen Topf geben und 5 Min. kochen lassen.
4. Wassermelonenschalen hinzufügen und 15–20 Min. bei mittlerer Hitze köcheln lassen, bis sie gar sind.
5. Einweckgläser heiß auswaschen.
6. Wassermelonenschalen und Kochflüssigkeit in Gläser abfüllen (Zimtstangen und Zitronenscheiben entfernen), mit einem Deckel verschließen, auf den Kopf stellen und abkühlen lassen.

Tipp:

Bei heißer Abfüllung sind die Schalen mind. 3–4 Monate haltbar. Möglichst kühl lagern.

Geröstete Wassermelonenkerne

Für ca. 100 g
glutenfrei/vegan

ca. 100 g Wassermelonenkerne
1 EL Öl
Salz

1. Wassermelonenkerne mit etwas Öl und Salz vermischen und in einer Pfanne erhitzen und rösten.

Tipp:
Als Snack naschen oder Salate und Suppen damit verfeinern.

ZITRUSFRÜCHTE

Zitrusfrüchte sind lecker und stecken voller wichtiger Vitamine. Neben dem bekannten Vitamin C liefern sie uns auch Kalium, Magnesium und Folsäure. Auch die Schalen der Zitrusfrüchte bieten vielseitige Verwendungsmöglichkeiten:

- Die Schale sämtlicher Zitrusfrüchte kann fein gerieben zum Verfeinern von verschiedensten Gerichten, Süßspeisen und Gebäck oder zum Aromatisieren von Zucker verwendet werden.
- Frische oder getrocknete Schalen von Zitrusfrüchten können als Tee aufgegossen werden.
- Getrocknet und gemahlen kann Zitrusschalenpulver als hausgemachtes Vitamin-C-Nahrungsergänzungsmittel verwendet werden.
- Im Haushalt können Zitrusschalen als Kalklöser zum Einsatz kommen. Dazu einfach Armaturen oder Flächen mit der Schale der Zitrusfrucht abreiben und abspülen.
- Zitrusfrüchte können unangenehme Gerüche, z. B. aus Gefäßen oder dem Kühlschrank, entfernen. Das betroffene Gefäß oder das Innere des Kühlschranks einfach mit der Zitrusschale ausreiben und später feucht nachwischen.

Orangeat und Zitronat

Für 400 g Orangeat und 400 g Zitronat
glutenfrei/vegan

Schale von 5 unbehandelten Orangen (gewaschen)
Schale von 10 unbehandelten Zitronen (gewaschen)
Wasser
Rohrzucker oder Zucker (Menge berechnen: siehe Zubereitungsschritt 5)

1. Orangen und Zitronen schälen. Das Weiße dabei an der Schale lassen!
2. Schalen fein würfeln, in zwei getrennte Töpfe geben.
3. Mit Wasser bedecken, aufkochen, Wasser abgießen.
4. Diesen Vorgang insgesamt 3x durchführen, damit die Bitterstoffe ausgeschwemmt werden.
5. Schalen gut abtropfen lassen, dann wiegen.
6. Schalen jeweils wieder in einen trockenen Topf geben.
7. Entsprechend dem Gewicht der Schalen die gleiche Menge Rohrzucker in den Topf geben.
8. 100 ml Wasser zugießen.
9. Alles etwa 1 Stunde ohne Deckel köcheln lassen. Schalen sollen glasig wirken.
10. Immer wieder umrühren. Evtl. etwas Wasser nachschütten, damit die Masse nicht zu fest wird bzw. anbrennt.
11. Schalen abgießen, Sirup dabei auffangen, denn auch dieser aromatisierte Sirup kann zum Süßen verwendet werden.
12. Schalen jeweils auf ein Kuchengitter ausbreiten und Backpapier darunter legen.
13. Abtropfen und über Nacht trocknen lassen.
14. Die abgekühlten Orangen- und Zitronenschalenstücke klein würfeln und in Gläser füllen, im Kühlschrank aufbewahren oder gleich weiterverwenden.

Schokokuchen mit kandierten Orangenzesten

Für 1 Kastenkuchen/ca. 10–12 Stücke
vegetarisch

3 Orangen
200 g Zucker
75 ml Orangenlikör (oder Orangensirup, siehe S. 116, Zubereitungsschritt 11)
5 Eier
200 g Zucker
300 g weiche Butter
150 g Mehl
50 g Backkakao-Pulver
150 g gemahlene Mandeln
1 Päckchen Backpulver
1 Prise Salz
100 g Raspelschokolade
Schokoglasur (optional)

Öl zum Einfetten
1 Kastenform

1. Orangen mit heißem Wasser abwaschen.
2. Die Schale der Orangen z. B. mit einem Zestenreißer bearbeiten oder abraspeln.
3. Orangen-Fruchtfleisch auspressen.
4. Zucker, Orangenlikör oder -sirup und 30 ml Orangensaft in einen Topf geben und unter Rühren zum Kochen bringen.
5. Orangenzesten dazugeben.
6. Bei geringer Hitze etwa 10 Min. köcheln lassen. Immer wieder umrühren.
7. Kandierte Zesten auf einem Teller erkalten lassen.
8. Backofen auf 180 °C Umluft vorheizen. Eine Kastenform einfetten.
9. Eier und Zucker schaumig rühren. Weiche Butter dazugeben.

10. Mehl, Backkakao, Mandeln, Backpulver, Salz, Raspelschokolade und 1 EL Orangenzesten vermengen.
11. Mehlmischung löffelweise zum Zucker-Eier-Butter-Gemisch geben und verrühren.
12. Teig in die vorbereitete Kastenform geben und etwa 50–60 Min. backen.
13. Kuchen in der Form erkalten lassen und danach mit Schokoglasur überziehen und mit den restlichen Orangenzesten garnieren.

Zitrusreiniger

Für ca. 750 ml
nicht zum Verzehr geeignet; glutenfrei/vegan

4-5 Schalen von Zitronen (oder auch Orangen), gewaschen
ca. 750 ml weißer Essig
2 Tropfen Spülmittel

1 Einmachglas (1 Liter Fassungsvermögen)
1 leere Sprühflasche mit mind. 750 ml Fassungsvermögen

1. Schalen in das Einmachglas füllen und mit weißem Essig komplett auffüllen.
2. Mindestens 2 Wochen ziehen lassen.
3. Vor Gebrauch abseihen, die Schalen noch gut ausdrücken.
4. In eine Sprühflasche umfüllen, das Spülmittel hinzufügen und gut durchschütteln.
5. Vor jedem Gebrauch Reiniger kurz schütteln.

Tipp:

Für Bad, Küche, WC, Spiegel und auch Böden vielseitig einsetzbar. Vorsicht ist allerdings bei Naturstein-/Kalksteinböden geboten. Hier sollten andere Reiniger verwendet werden.

DIVERSES

Gemüsebrühe

Für ca. 1,5 Liter
glutenfrei/vegan

1 EL Öl
500 g Gemüse- und Kräuterreste, z. B. Schalen und Abschnitte von Zwiebeln, Sellerie, Pastinaken, Karotten, Lauch, Petersilie – auch Blätter und Stängel –, Kohl-Außenblätter und -strunk, Champignonabschnitte, Paprikareste usw.
2 l Wasser
5 Pfefferkörner
2 Lorbeerblätter
1 EL Salz

mind. 3 Einmachgläser à 500 ml (durch das Kochen reduziert sich die Wassermenge)

1. Öl in einen großen Topf geben und die Gemüsereste kurz andünsten.
2. Wasser, Pfefferkörner, Lorbeerblätter und Salz hinzufügen und den kompletten Inhalt zum Kochen bringen.
3. Bei mittlerer Hitze ca. 1 Stunde köcheln lassen.
4. Brühe durch ein feines Sieb oder Tuch gießen und abfüllen.

Tipp:

Bei Heiß-Abfüllung kann die Brühe über Monate aufbewahrt werden. Alternativ z. B. in Gefrierbehältern bzw. Eiswürfelbehältern einfrieren.

Gemüsebrühenpaste

Für ca. 800 ml
glutenfrei/vegan

800 g Gemüsereste (z. B. Schalen und Abschnitte von Sellerie, Lauch, Karotten, Pastinaken, Tomaten, Außenblätter und Strunk von diversen Kohlsorten, Gartenkräuter wie z. B. Petersilie, welke Blätter und Stängel usw.), gewaschen
1 EL Öl
1 l Wasser
2 EL Salz
Pfeffer

2 Einweckgläser mit jeweils 400 ml Fassungsvermögen

1. Gemüsereste zerkleinern, Kräuter hacken.
2. Öl in den Topf geben und Gemüse und Kräuter hinzufügen, kurz andünsten.
3. Wasser einfüllen und alles zum Kochen bringen.
4. Ca. 45 Min. köcheln lassen, bis die Gemüsereste weich gekocht sind.
5. Wasser abgießen und auffangen (kann man als Gemüsebrühe verwenden).
6. Gemüse und Kräuter pürieren und evtl. noch mal mit Salz und Pfeffer abschmecken.
7. Gemüsebrühenpaste noch heiß in Gläser abfüllen oder in Eiswürfelformen als Brühwürfel einfrieren.

Tipp:

Auch hier gilt: Gemüsereste kann man einfrieren und sammeln, bis eine ausreichende Menge zur Zubereitung eines Rezepts vorhanden ist.

Kräuterbutter mit diversem Grün (z. B. Karottengrün, Fenchelgrün)

Für 1 Butterrolle
glutenfrei/vegetarisch

100 g Gemüsegrün oder Kräuterreste, z. B. Karottengrün, Fenchelgrün, Kohlrabiblätter, Dillstängel, Petersilienstängel etc.
250 g weiche Butter
½ TL Salz

1. Gemüsegrün oder Kräuterreste waschen und gut abtropfen lassen, danach sehr fein hacken.
2. Weiche Butter und gehacktes Grün in einer Schüssel mit der Hand oder einem Mixgerät verkneten.
3. In eine Folie oder Butterpapier zu einer Rolle formen oder in ein Aufbewahrungsgefäß streichen
4. Im Kühlschrank aufbewahren.

Tipp:
In Eiswürfelbehälter streichen und einfrieren. So kann die Kräuterbutter portionsweise und bei Bedarf entnommen werden.

Danksagung

Bianca zeigt mit ihrem Food-und-Fitness-Instagram-Account **@fitness_bianca** sowie in ihrem Blog **www.biancazapatka.wordpress.com** anhand von schönen Fotografien, wie lecker, bewusst und ausgewogen man sich ernähren kann. Egal ob vegetarisch, mit Fleisch/Fisch und süß oder herzhaft. Hier ist für jeden etwas dabei, und hier wird garantiert jeder hungrig!

Diana vom Blog **www.schwarzgrueneszebra.de** teilt auf ihrer Seite jede Woche leckere Low-Carb-Gerichte. Nicht nur schnelle Gerichte für jeden Tag, sondern auch Außergewöhnliches für die besonderen Momente oder den süßen Zahn. Ihr Motto lautet: Geht nicht, gibt's nicht!

Mandy zeigt auf ihrem Instagram-Account **@mia.mirabelle** einfache Rezepte, die leicht umzusetzen und auch noch gesund sind. Hier ist von Low Carb, Low Fat bis hin zu vegetarisch und vegan von allem etwas dabei. Zudem werden alle Back- und Kochwerke liebevoll in Szene gesetzt, sodass die Fotos schon Lust aufs Backen bzw. Kochen machen.

Über die Autorin

Veronika Pichl, Jahrgang 1980, ist erfolgreiche Buchautorin zu den Themen Abnehmen, Ernährung, Bewegung und Glücklichsein. Sie entwickelt Ratgeber für den riva Verlag und den von ihr selbst gegründeten Happy Fit Food Verlag (www.happyfitfood.de).

Bild- und Rezeptnachweis

S. 19: Apfelschalenchips (Rezept + Foto): Mandy Brünig, #mia.mirabelle
S. 40–41: Fruchtiger Blumenkohlblättersalat (Rezept + Foto): Bianca Zapatka, #fitness_bianca
S. 42: Blumenkohlblätter und -strunk zum Knabbern (Rezept + Foto): Veronika Pichl
S. 44: Brokkolinudeln mit Brokkoli-Käse-Soße (Rezept + Foto): Diana Ruchser, schwarzgrueneszebra.de
S. 45: Brokkolistrunk-Chips: (Rezept + Foto): Veronika Pichl
S. 48: Fenchel-Orangen-Salat (Rezept + Foto): Miriam Matin
S. 54–55: Karottenschalen-Quinoa-Salat (Rezept + Foto): Bianca Zapatka, #fitness_bianca
S. 66: Shrimps mit Kohlsalat (Rezept): Bianca Zapatka, #fitness_bianca
S. 68: Kohlrabinudeln mit Kohlrabiblatt-Pesto (Rezept + Foto): Diana Ruchser, schwarzgrueneszebra.de
S. 70–71: Quiche mit Spinat und Kohlrabiblättern (Rezept): Bianca Zapatka, #fitness_bianca
S. 72–73: Kohlrabiblättersalat mit Quark-Dip (Rezept + Foto): Bianca Zapatka, #fitness_bianca
S. 82–83: Flammkuchen mit Lauch (Rezept + Foto): Miriam Matin
S. 84: Tomaten-Curry mit Lauchgrün (Rezept): Bianca Zapatka, #fitness_bianca
S. 104: Salat mit Rote-Bete-Blättern (Rezept + Foto): Bianca Zapatka, #fitness_bianca
S. 106: Salat-Pesto (Rezept + Foto): Miriam Matin
S. 110: Knusprige Süßkartoffelschalen (Rezept + Foto): Bianca Zapatka, #fitness_bianca

S. 8: Ulrich Mueller/shutterstock.com; S. 10: Syda Productions/shutterstock.com; S. 11 oben: Miroslav Pesek/shutterstock.com; S. 11 unten: wavebreakmedia/shutterstock.com; S. 13: KaliAntye/shutterstock.com; S. 14: Evan Lorne/shutterstock.com; S. 15: sirtravelalot/shutterstock.com; S. 17: Africa Studio/shutterstock.com; S. 18: Ivaylo Ivanov/shutterstock.com; S. 21: Ahanov Michael/shutterstock.com; S. 22: Alesia Berlezova/shutterstock.com; S. 23: 5 second Studio/shutterstock.com; S. 24+25: denio109/shutterstock.com; S. 27: saschanti17/shutterstock.com; S. 29: SewCream/shutterstock.com; S. 30: studio2sim/shutterstock.com; S. 31: Taospy/shutterstock.com; S. 33: DibasUA/shutterstock.com; S. 34: Ekaterina Kondratova/shutterstock.com; S. 35: Volodymyr Plysiuk/shutterstock.com; S. 37: ziashusha/shutterstock.com; S. 38: ffolas/shutterstock.com; S. 39: Tim UR/shutterstock.com; S. 43: TTL media/shutterstock.com; S. 46: Amallia Eka/shutterstock.com; S. 47: Luca Santilli/shutterstock.com; S. 49: Brent Hofacker/shutterstock.com; S. 50: kazmulka/shutterstock.com; S. 51: Ekaterina SU/shutterstock.com; S. 52: Anna_Pustynnikova/shutterstock.com; S. 53: LiliGraphie/shutterstock.com; S. 57: sarsmis/shutterstock.com; S. 58: Cora Mueller/shutterstock.com; S. 59: R_A/shutterstock.com; S. 61: Africa Studio/shutterstock.com; S. 62: Tatiana Mihaliova/shutterstock.com; S. 63: showcake/shutterstock.com; S. 65: Olga Markova/shutterstock.com; S. 66: freeskyline/shutterstock.com; S. 67: philipphoto/shutterstock.com; S. 69: ziashusha/shutterstock.com; S. 71: Olha Afanasieva/shutterstock.com; S. 75: Alfa Photostudio/shutterstock.com; S. 77: Nina Kesareva/shutterstock.com; S. 79: Mariya Siyanko/shutterstock.com; S. 80: Brent Hofacker/shutterstock.com; S. 81: Brent Hofacker/shutterstock.com; S. 84: espies/shutterstock.com; S. 85: Studio 1231/shutterstock.com; S. 87: Hans Geel/shutterstock.com; S. 88: Olga Miltsova/shutterstock.com; S. 89: Chachamp/shutterstock.com; S. 90: Suwan Wanawattanawong/shutterstock.com; S. 91: Marian Weyo/shutterstock.com; S. 93: Jackie Z/shutterstock.com; S. 94: Andreas Berheide/shutterstock.com; S. 95: Handmade Pictures/shutterstock.com; S. 97: vkuslandia/shutterstock.com; S. 98: Ana Bokan/shutterstock.com; S. 99 Atiwan Janprom/shutterstock.com; S. 101: Hermina/shutterstock.com; S. 102: jreika/shutterstock.com; S. 103: Gita Kulinitch Studio/shutterstock.com; S. 105: Ekaterina Markelova/shutterstock.com; S. 107: Gudrun Muenz/shutterstock.com; S. 108: Joerg Beuge/shutterstock.com; S. 109: mama_mia/shutterstock.com; S. 111: nafterphoto/shutterstock.com; S. 113: RussieseO/shutterstock.com; S. 114: Thanthima Lim/shutterstock.com; S. 115: Zadorozhna Natalia/shutterstock.com; S. 117: hlphoto/shutterstock.com; S. 119: IngridHS/shutterstock.com; S. 120: Gamzova Olga/shutterstock.com; S. 121: Madeleine Steinbach/shutterstock.com; S. 122: Natalie_Barth/shutterstock.com; S. 123: ILEISH ANNA/shutterstock.com

Auch als **E-Book** erhältlich

160 Seiten
12,99 (D), 13,40 (A)
ISBN 978-3-7423-0353-0

Veronika Pichl

Meal Prep – Gesunde Mahlzeiten vorbereiten, mitnehmen und Zeit sparen

Über 70 Rezepte und 10 Wochenpläne

Meal Prep bedeutet, dass man mit sinnvoller Planung Mahlzeiten für mehrere Tage oder die ganze Woche vorkocht oder vorbereitet, die man dann zur Arbeit oder in die Uni mitnehmen und natürlich auch abends zu Hause genießen kann. Die Vorteile liegen auf der Hand: Durch clevere Wochen-, Tages- und Einkaufsplanung spart man Zeit. Man kauft nicht mehr spontan ungesundes Fast Food oder Snacks. Man weiß genau, was drin ist: gesunde, frische Zutaten ohne Geschmacksverstärker oder Zusätze. Und das Essen schmeckt lecker.

Das Buch enthält zahlreiche Rezepte, Wochenpläne und Einkaufslisten und erklärt Ihnen darüber hinaus genau, was Sie einfrieren können, wann die Lagerung im Kühlschrank oder der Vorratskammer ausreicht, was Sie vorbereiten und die ganze Woche verwenden können. So gelingt es Ihnen, langweiliges und ungesundes Kantinenessen oder Fertiggerichte zu umgehen und sich mit wenig Aufwand leckeres Essen für mehrere Tage zuzubereiten.

riva